ANNETTE KAST-ZAHN

Gelassen durch die Trotzphase

THEORIE

PRAXIS

Annette Kast-Zahn gehört seit Jahren zu den erfolgreichsten Autorinnen für Erziehungsratgeber. Ihre beiden Bestseller »Jedes Kind kann schlafen lernen« und »Jedes Kind kann Regeln lernen« verkauften sich allein in Deutschland über eine Million Mal und wurden in viele Sprachen übersetzt. Die Diplom-Psychologin, Verhaltenstherapeutin mit eigener Praxis und dreifache Mutter versteht es wie kaum eine andere, ihre langjährigen Erfahrungen auch mit »schwierigen« Kindern in griffige und praktische Erziehungskonzepte für alle Eltern umzusetzen.

EIN WORT ZUVOR

Wenn Kinder ausschließlich harmoniebedürftige kleine Wesen wären, die einfach in Frieden mit ihren Eltern und Geschwistern zusammenleben wollen, wäre Erziehung einfach. So ist es aber nicht. Kinder sind schon sehr früh kleine Persönlichkeiten, die genau wissen, was sie wollen – und noch genauer, was sie nicht wollen. Dafür sind sie bereit zu kämpfen! Das Alter zwischen knapp zwei und sechs Jahren hat es besonders in sich. Jede Kleinigkeit kann einen Wutanfall, ausdauerndes Schreien oder beleidigten Rückzug auslösen. Deshalb sprechen wir vom Trotzalter. Für uns Eltern ist diese Zeit eine Herausforderung. Wir müssen eine Menge aushalten, denn unsere Kinder haben in der Regel bessere Nerven als wir. Wir fragen uns: Warum macht unser Kind mit seinem Trotz und Widerstand sich selbst und uns das Leben schwer? Was hat es nur davon? Wie gehen wir am besten damit um? Unser Kind soll sich geliebt und angenommen fühlen, aber wir können doch nicht immer einfach seinem Willen nachgeben. Wie können wir gleichzeitig fair und standhaft sein – ihm alles geben, was es braucht, aber nicht alles, was es will? Welche Grenzen braucht es in welchem Alter, wie setzen wir sie durch? Wie helfen wir ihm, mit seinen heftigen Gefühlen umzugehen? All das wird in diesem Buch beantwortet, anhand von typischen Problemen und Alltagskonflikten mit Kindern im Trotzkopfalter, also etwa zwischen 18 Monaten und 6 Jahren. Aus der langjährigen Arbeit in meiner kinderpsychologischen Praxis weiß ich, welche Konflikte besonders verbreitet oder besonders belastend sind und was wirklich hilft. Wie man gemeinsam gut durchs Trotzalter kommt, habe ich von den vielen Eltern und Kindern in meiner Praxis gelernt sowie aus aktuellen wissenschaftlichen Erkenntnissen – und besonders von meinen eigenen drei Kindern.

Annette Kast-Zahn

WARUM SIND KINDER TROTZIG?

Zwischen achtzehn Monaten und sechs Jahren befindet sich Ihr Kind mitten im Trotzkopfalter. Was lernt es, was fühlt es und was braucht es in dieser Zeit? Das erfahren Sie hier.

Meilensteine der Entwicklung im Trotzkopfalter

Mit 18 Monaten ist die Babyzeit vorbei. Das Alter von eineinhalb bis sechs Jahren nennt man frühe Kindheit. Es ist bemerkenswert, was Ihr Kind in diesen wenigen Jahren alles lernt und in welchem Tempo es sich entwickelt. Viele Meilensteine liegen bis dahin auf seinem Weg – es wäre das reinste Wunder, wenn es da nicht ab und zu ins Stolpern geraten würde. Es ist gut, wenn Sie als Eltern die Meilensteine und die Stolpersteine gut kennen, damit Sie Ihrem Kind immer hilfreich zur Seite stehen können.

> **Lena-Marie** ist 18 Monate alt. Seit drei Monaten kann sie allein laufen, aber sie ist noch etwas wackelig auf den Beinen. Natürlich trägt sie noch eine Windel. Außer »Mama« und »Papa« sagt Lena-Marie erst wenige Wörter, und sie weicht ihrer Mama nicht von der Seite. Gerade fängt sie an, selbstständig mit dem Löffel zu essen. Sich freuen und strahlen kann sie, dass jeder dahinschmilzt, weil sie dann so unglaublich süß ist. Aber schreien und toben kann sie auch, ausdauernd und ohrenbetäubend laut. Lena-Marie ist schon mitten im Trotzkopfalter.

Auch Lena-Marie soll in ein paar Jahren selbstständig in die Schule gehen, mehrere Stunden am Tag konzentriert arbeiten, sich mit den anderen Kindern vertragen, Lesen, Schreiben, Rechnen lernen – und sich auch zu Hause an alle Regeln halten, die dort gelten. Welch eine Leistung, in so kurzer Zeit so viele Dinge zu lernen!

Sich verständlich machen: Sprechen lernen

Ein ganz wichtiger Meilenstein in der kognitiven Entwicklung ist das Sprechenlernen. Es beginnt mit einzelnen Wörtern, nach und nach kommen Zweiwortsätze, Mehrwortsätze und Sätze mit richtigem Satzbau dazu. Mit sechs Jahren können die meisten Kinder Haupt- und Nebensätze bilden und fast alle Laute richtig aussprechen. Bis dahin haben sie bereits mehrere tausend Wörter gelernt! Das Tempo der Sprachentwicklung ist individuell sehr unterschiedlich. Die ersten Wörter sagen einige Kinder schon kurz vor dem ersten Geburtstag, einige erst nach dem zweiten. Mädchen sind den Jungen im Durchschnitt ein wenig voraus. Gesprochenes zu verstehen ist für alle Kinder leichter, als selbst zu sprechen. Hier sind die Unterschiede zwischen den Kindern nicht so groß.

Die Sprache ermöglicht es Ihrem Kind, eigene Wünsche und Gefühle auszudrücken und zu verstehen, was andere von ihm wollen. Wenn ein Kind noch nicht so gut sprechen kann, hat es viel weniger Möglichkeiten: Wenn ihm etwas nicht passt oder es frustriert ist, kann es nicht diskutieren oder schimpfen. Es kann nicht sagen, wie es sich fühlt und was es sich wünscht. Was bleibt ihm übrig, wenn es Wut, Ärger oder Enttäuschung ausdrücken möchte?

DIE WUT MUSS RAUS!
Kleine Kinder, die noch nicht reden können, müssen bei Enttäuschungen ihre Wut und ihren Ärger anders äußern: schreien, toben, sich auf den Boden werfen, trampeln, mit Sachen werfen, um sich schlagen. Erst die Sprache ermöglicht nach und nach einen anderen Umgang mit so starken Gefühlen.

UNBEGREIFLICH!

»Wie können die Erwachsenen nur so dumm sein? Es ist doch klar, was ich will!« Nur zu verständlich, dass kleine Kinder manchmal aus der Haut fahren könnten.

> **Malte** ist zweieinhalb Jahre alt. Motorisch ist er sehr weit: Er kann rennen, klettern und Fußball spielen, Puzzles mit vielen Teilen zusammensetzen, geschickt mit Stift und Schere hantieren. Er liebt Bilderbücher und Geschichten und scheint alles zu verstehen, was man zu ihm sagt. Aber er spricht erst wenige Wörter. Gerade ist ihm in den Sinn gekommen, dass er gern das Buch haben möchte, das auf dem Schrank liegt. Er versucht, am Schrank hochzuklettern, aber es gelingt ihm nicht. Sein Vater kommt dazu, holt ihn vom Schrank weg und gibt ihm das Auto, das ebenfalls auf dem Schrank steht. Malte wirft es auf den Boden. Nun fragt der Vater: »Was willst du denn?« Diese Frage kann Malte zwar schon verstehen, aber er kann noch nicht darauf antworten. Das macht ihn so wütend, dass er sich schreiend auf den Boden wirft und dabei so fest er kann mit den Füßen trampelt.

Malte versteht einfach nicht, warum ihn sein Vater nicht versteht. Seine Wut ist wirklich verständlich.

Selbstwahrnehmung: »Ich bin ich«

Ein Baby im ersten Lebensjahr oder am Anfang des zweiten Lebensjahres hat noch gar keine Ahnung davon, dass es eine eigenständige Person ist. Es hat zwar schon die Erfahrung gemacht, dass es selbst etwas bewirken kann: Wenn der Löffel vom Hochstuhl auf den Fußboden geworfen wird, gibt es ein interessantes Geräusch; wenn man an der Schnur zieht, gibt die Spieluhr Töne von sich ... Aber das Kind »erkennt« sich jetzt noch nicht selbst.

> **Lucas,** 18 Monate, sitzt auf Mamas Schoß vorm Spiegel. Lucas ist begeistert, klopft an den Spiegel, lacht, dreht sich zu seiner Mutter um und zeigt auf ihr Spiegelbild. Er erkennt sie offenbar genau. Nun tupft seine Mama ihm beim Spiel unbemerkt mit Lippenstift einen roten Fleck auf die Stirn. Lucas lacht und klopft weiter, aber der Fleck scheint ihn nicht zu interessieren.

Lucas hat zwar seine Mama im Spiegel erkannt, aber ihm ist nicht klar, dass es sein eigenes Gesicht ist, das jetzt so einen lustigen Fleck hat. Deshalb wundert er sich nicht darüber. Er hat noch nicht verstanden, dass der kleine Kerl im Spiegel er selbst ist.

> **Lucas' Mama** wiederholt zwei Monate später das Spiel. Lucas hat wieder Spaß vorm Spiegel, wieder tupft sie ihm unbemerkt mit dem Lippenstift auf die Stirn. Diesmal reagiert Lucas anders. Er bleibt ganz still auf Mamas Schoß sitzen und schaut mit großen Augen sein Spiegelbild an. Mit der Hand greift er nach dem roten Fleck auf dem Spiegelbild. Dann fasst er an seine eigene Stirn. Verwirrt dreht er sich zu seiner Mama um.

Diesmal hat Lucas sich selbst erkannt. Er hat bemerkt, dass der Fleck in *seinem* Gesicht ist, und er ist verblüfft. Lucas denkt über sich selbst nach: »Das bin doch ich! Aber wie kommt der Fleck in mein Gesicht? Gerade war er doch noch nicht da!«

Dieses Spiel wird als »Rouge-Test« oder »Spiegel-Test« bezeichnet. Verschiedene Forscher haben es eingesetzt, um mehr über die Selbstwahrnehmung von kleinen Kindern zu erfahren. Sie können es selbst ausprobieren, wenn Ihr Kind im passenden Alter ist.

Eine sensationelle Entdeckung

Fast alle Kinder bewältigen den Meilenstein, sich selbst als »ich« zu erkennen, zwischen 18 und 24 Monaten. Erst danach kann ein Kind seinen eigenen Namen verwenden. Erst danach kann es sagen »Das ist meins!« und seinen Besitz nach Kräften verteidigen. Der nächste Schritt ist die Entdeckung des eigenen Willens: »Ich bin ich! Ich kann etwas bewirken! Ich kann alles ausprobieren!«

Genau das tut Ihr kleiner Entdecker. Er oder sie will ganz gezielt etwas haben: das blaue Auto, nicht das rote. Etwas ganz allein machen: die Socke anziehen. Auf die Straße laufen, nicht an der Hand gehen. Dass das alles nicht immer klappen kann, hat Ihr Kind dabei gar nicht eingeplant. Dass es Grenzen und Regeln gibt und dass manche Dinge erst nach vielen Versuchen und langem Üben gelingen – welch eine Zumutung das ist! Da kommen natürlich immer wieder Wut und Enttäuschung auf, und die müssen raus. Ein Wutanfall ist dann eine völlig normale Reaktion.

MITTELPUNKT DER WELT

»Ich bin ich« – diese Entdeckung eröffnet Ihrem Kind eine ganz neue Welt. Niemand anders als es selbst steht im Mittelpunkt dieser neuen Welt, und die will es auch selbst regieren. Nichts und niemand darf sich in seinen Weg stellen. Wenn das jemand doch wagt, ist es für Ihr Kind ein kleiner Weltuntergang. Erst nach und nach lernt es die Grenzen seiner Möglichkeiten kennen.

Sicherheit gewinnen: Selbstständigkeit

Es ist ganz normal, wenn ein kleines Kind noch sehr stark die Nähe seiner Eltern sucht. Es bekommt Angst, wenn Mutter oder Vater oder eine vertraute Betreuungsperson sich entfernen. Wenn sich eine fremde Person nähert oder das Kind auf den Arm nehmen will, fängt es an zu weinen: Es »fremdelt«. Diese Angst hat Ihr Kind erst, wenn es vertraute und fremde Personen unterscheiden kann, also frühestens ab dem sechsten Monat. Trennungsangst und Angst vor Fremden steigern sich zunächst und sind am stärksten im zweiten und dritten Lebensjahr. Erst danach wird Ihr Kind selbstständiger und lässt allmählich Ihren »Rockzipfel« los. Wie stark die Trennungsangst ist, unterscheidet sich von Kind zu Kind. Sie gehört in diesem Alter zur Entwicklung Ihres Kindes, auch wenn es seiner Angst in Form von Trotzanfällen Luft macht.

Angst schützt vor Gefahren

Die Trennungsangst hat eine wichtige Funktion: Sie schützt Ihr Kleinkind, das mittlerweile laufen kann und die Welt erkunden will, vor Gefahr. Mit zwei oder drei Jahren kann es noch nicht einschätzen, welche Gegenstände oder Situationen ihm gefährlich werden können, welche Menschen ihm wohl gesonnen sind. Da bleibt es lieber in Ihrer Nähe, statt voller Neugier draufloszulaufen. Es ist normal, wenn Ihr Kind seine Angst mit Weinen oder Schreien ausdrückt. Aber es braucht Gelegenheit und Ihre Ermutigung, sich nach und nach weiter hinaus in die Welt zu trauen.

Sich in die Welt hinaus bewegen

Bis zum Ende des sechsten Lebensjahres erweitert Ihr Kind sein Bewegungsrepertoire enorm: sich selbst anziehen, rennen, klettern, Bälle werfen und treten, schaukeln, Rad fahren, schwimmen, malen, schneiden, basteln – sowie auch sehr schwierige Abläufe wie Ski laufen, mit Inlineskates fahren oder Klavier spielen. All das gibt seiner Selbstständigkeit enormen Auftrieb. Natürlich läuft diese Entwicklung nicht reibungslos ab: Es lauern Stolpersteine und viel Frust, aufgeschürfte Knie, Konflikte mit anderen Kindern, Misserfolge. Da bleiben Wut, Ärger und Trotz nicht aus.

TIPP: Schlafen, essen, sauber werden Auch diese Bereiche sind sehr wichtig für Ihr Kind, um nach und nach immer selbstständiger zu werden. Sie verlangen einen besonders sensiblen Umgang und bekommen daher ihr eigenes Kapitel (siehe ab Seite 103).

»Soll ich wirklich?« Kinder im Trotzalter sind oft hin- und hergerissen zwischen ihrer Neugier und ihrem Bedürfnis nach Sicherheit.

Situationen einschätzen: Einfühlungsvermögen

Der Wunsch eines kleinen Kindes nach Nähe steht manchmal im Widerstreit mit seiner Neugier und Entdeckerfreude. Mama und/ oder Papa sollen in der Nähe sein, sie sollen aber möglichst immer alles toll finden, was es macht. Wenn Sie jedoch »Nein!« sagen oder »Das darfst du nicht«, empfindet Ihr Kind das als Zurückweisung, die es nicht begreifen kann. Dass Sie als Eltern gute Gründe für Ihr Nein haben, dass Sie Ihrem Kind sogar aus Liebe und Fürsorge oft nicht erlauben, nach seinem eigenen Willen zu handeln – davon hat es keine Ahnung. Deshalb fühlt es sich hin- und hergerissen zwischen dem, was es selbst am liebsten machen will, und der Sorge, wie seine Eltern darauf reagieren könnten. Zurückweisung macht ihm Angst, viel lieber möchte es Anerkennung.

Einsicht will gelernt sein

Durch Ihre Reaktionen bekommt Ihr Kind ein Gefühl dafür, was erwünscht ist und was nicht. So lernt es allmählich die Regeln, die fürs Zusammenleben und die eigene Sicherheit wichtig sind. Aber leicht ist das für ein Kind im Trotzalter nicht! Es versteht ja noch nicht, warum es etwas nicht darf. Erst ab etwa drei Jahren lernt Ihr Kind aus Einsicht. Was richtig und falsch ist und warum, versteht es in den kommenden Lebensjahren nach und nach immer besser.

> **Sophie** (2½ Jahre) geht mit Begeisterung in die Spielgruppe. All die interessanten Spielsachen! Gerade hat Sophie entdeckt, wie man aus den großen Legosteinen einen Turm bauen kann. Da kommt die gleichaltrige Lilli dazu und nimmt sich auch einen Legostein aus der Kiste. Welch eine Frechheit! Jetzt geht es blitzschnell: Sophie greift sich ein Büschel von Lillis lockigen blonden Haaren und zieht kräftig daran. Lilli lässt den Legostein fallen und brüllt. Sophie schaut ihr interessiert zu.

Was geht in Sophies Köpfchen vor? Sie hatte die interessanten Steine gerade entdeckt und wollte sie ganz für sich haben. Das Haareziehen hat den erwünschten Effekt – außerdem hat es noch etwas sehr Interessantes ausgelöst: Lillis Schreien. Dass sie Lilli richtig wehgetan hat, kann Sophie nicht wissen, weil sie sich noch nicht in andere hineinversetzen kann. Wie geht es weiter?

> **Sophies Mama** kommt sofort dazu. Sie tröstet Lilli, dann hockt sie sich zu Sophie auf den Boden und sagt sehr bestimmt: »Das darfst du nicht! Das tut weh!« Sophie darf nicht weiterspielen, sie muss sich eine Weile mit Mama an den Tisch setzen.

Auf diese Art und Weise lernt Sophie, dass ihre Mama nicht zufrieden mit ihr ist, wenn sie ein anderes Kind an den Haaren zieht. Sie lernt auch, dass sie dann eine Weile nicht mehr tun darf, was sie gerade am liebsten möchte, zum Beispiel weiter mit Legosteinen spielen. Beides gefällt Sophie nicht. Sie lernt also ausschließlich aus den Folgen ihres Handelns, noch nicht aus Einsicht.

> **Eineinhalb Jahre später:** Wieder zieht Sophie ihrer »Kollegin« Lilli an den Haaren. Sophie weiß nun schon, dass andere Menschen Gefühle haben, unabhängig von ihr selbst. Ihr ist klar: »Lilli weint, also ist sie traurig oder ihr tut etwas weh!« Sophie hat auch schon eine Idee davon, was sie damit zu tun hat: »Lilli weint, weil ich sie an den Haaren gezogen habe!« Sie kann bereits ein wenig über ihr eigenes Handeln nachdenken: »Ich habe Lilli wehgetan! Das wollte ich gar nicht, wehtun ist blöd. Das war gar nicht gut, was ich da gemacht habe.«

Vielleicht denkt Sophie aber auch ganz anders: »Die blöde Lilli, soll sie doch heulen. Es soll ihr richtig wehtun. Die soll mir nicht noch mal etwas wegnehmen!«

Neue Fähigkeiten müssen reifen

Erst wenn Ihr Kind gelernt hat, die Welt aus der Sicht einer anderen Person zu sehen, kann es wirklich »mit Absicht« handeln. Es weiß dann, wie es jemandem eine Freude machen kann – und wie es jemanden ärgern oder jemandem wehtun kann. Erst jetzt kann es über sein Handeln nachdenken und so etwas wie ein Gewissen entwickeln. Bis es eigene Wertvorstellungen und ein reifes moralisches Urteil hat, werden noch viele Jahre ins Land gehen.

Je besser Ihr Kind sich in andere hineinversetzen kann, desto besser kann es selbst die Folgen seines Handelns vorhersehen und seine Schlüsse daraus ziehen. Es lernt zu berücksichtigen: »Nicht nur ich habe Bedürfnisse, die anderen um mich herum haben auch welche! Auch meine Eltern und Geschwister!« Diese Einsicht macht Wutanfälle und Trotzreaktionen nach und nach überflüssig.

Das Einfühlungsvermögen ist ein extrem wichtiger Meilenstein der kindlichen Entwicklung. Erst jetzt kann Ihr Kind die Welt auch aus der Sicht eines anderen betrachten. Wenn es sich nicht mehr »als Mittelpunkt der Welt« ansieht, kann es ein Nein oder ein Verbot viel besser einordnen. Verhandeln, nachdenken, andere Lösungen suchen – Ihrem Kind stehen nun viele andere Möglichkeiten offen, um mit Wut und Frust umzugehen.

GU-ERFOLGSTIPP   DIE WELT AUS DER SICHT IHRES KINDES SEHEN

Für ein kleines Kind gibt es viele gute Gründe, trotzig und wütend zu werden. Versuchen Sie, sich in Ihr Kind hineinzuversetzen. Das macht es Ihnen leichter, mit Verständnis und Gelassenheit mit Ihrem kleinen Trotzkopf umzugehen. Halten Sie sich in Stresssituationen immer vor Augen:

> Ihr Kind weiß genau, was es will, aber es kann sich noch nicht richtig ausdrücken. Niemand versteht es.

> Ihr Kind glaubt, der Mittelpunkt der Welt zu sein. Trotzdem läuft nicht alles nach seinem Willen.

> Ihr Kind will die Welt entdecken und alles ausprobieren, aber die Eltern setzen ihm dabei ständig Grenzen.

> Ihr Kind soll sich an alle möglichen Regeln halten, obwohl es noch gar nicht versteht, was »richtig« und was »falsch« ist und warum.

Die Kunst, dem Kind alles zu geben, was es braucht ...

... aber nicht alles, was es will. Der wichtigste Teil der Erziehung ist es, den Kindern alles zu geben, was sie brauchen. Zum Glück ist es nicht der schwierigste. Kinder können ihre Bedürfnisse noch nicht selbst erfüllen, dafür brauchen sie ihre Eltern. Je kleiner sie sind, umso mehr. Die Liebe zu unseren Kindern macht es uns leicht, alles für sie zu tun. Wenn wir ihre Bedürfnisse ernst nehmen und versuchen, ihnen gerecht zu werden, legen wir den Grundstein für ihr Vertrauen zu sich selbst und zu anderen.

Was Kinder brauchen

Seit dem Babyalter Ihres Kindes haben Sie gemeinsam viele anspruchsvolle Situationen gemeistert: Wenn Ihr Kind ausdauernd geschrien hat, wenn es nicht ein- oder durchschlafen konnte oder sich nach der Stillzeit erst ans Essen am Familientisch gewöhnen musste, gab es für alle Familienmitglieder unruhige und oftmals anstrengende Stunden.

Ihr Kind hat mitterweile laufen gelernt. Es versteht nun, was Sie sagen, und beginnt selbst zu sprechen. Bis es in die Schule kommt, sind noch zahlreiche Herausforderungen zu meistern. Jetzt braucht Ihr Kind Sie nach wie vor als Versorger, Tröster und Krankenpfleger. Immer mehr braucht es Sie aber auch als Erzieher, um sich in sicheren Grenzen frei entfalten zu können.

Versorgung und Geborgenheit

Für Ihr Kind ist es ganz selbstverständlich, dass es alles von Ihnen bekommt, was es braucht – aber Ihren Alltag haben diese vielen kleinen Dinge komplett verändert: anziehen, Windel wechseln, Essen machen, ins Bett bringen, zum Arzt gehen, pflegen, trösten, auf den Spielplatz gehen, in die Spielgruppe oder in den Kindergarten fahren. Und immer wieder einkaufen: Anziehsachen und Schuhe, aus denen Ihr Kind mehrmals im Jahr herauswächst, Spielsachen und viele andere Dinge, die es braucht.

Darüber hinaus braucht Ihr Kind das Gefühl, von Ihnen geliebt und angenommen zu werden. Wenn es seine eigenen Bedürfnisse schon selbst ausdrücken könnte, würde es zu Ihnen sagen: »Hab mich lieb, so wie ich bin, und zeige mir das auch! Ich brauche es, dass du mich toll findest und froh bist, dass ich da bin. Ich brauche das ganz besonders dringend, wenn ich gerade nicht so ein Superkind bin. Wenn ich mit zweieinhalb Jahren noch nicht sprechen kann. Wenn ich in der Krabbelgruppe nur auf deinem Schoß sitze und gar nichts mitmache. Wenn ich immer anfange zu weinen, wenn ich nicht bei dir sein kann. Oder wenn ich einen Wutanfall kriege, weil mir etwas nicht gelingt oder weil ich irgendetwas nicht haben darf. Nimm es bitte nicht persönlich. Ich mache das nicht, um dich zu ärgern. Ich brauche das zum Lernen.«

TIPP: Die eigene Arbeit wertschätzen
Ein Kind zu versorgen ist eine wertvolle Arbeit, die viel Zeit, Geduld und auch Geld kostet. Nicht nur die Gesellschaft sollte diese Arbeit wertschätzen – Sie selbst sollten es auch tun!

Zeit und Zärtlichkeit

Es kommt gar nicht so sehr darauf an, wie viel Zeit Sie mit Ihrem Kind verbringen. Auch bei einer liebevollen Tagesmutter, in der Krippe oder im Kindergarten kann es bestens aufgehoben sein. Viel wichtiger ist, dass Sie die gemeinsame Zeit gut nutzen.

Jeden Tag braucht Ihr Kind mindestens einmal Ihre ganze Aufmerksamkeit. Warum? Ihr Kind würde es so erklären: »Ich brauche dich, damit du mir zuhörst und zuguckst, wenn ich was baue oder male. Damit du mir was erzählst und erklärst, mir Geschichten vorliest und mit mir singst und spielst. Am liebsten mache ich das, was dir auch am meisten Spaß macht. Ich kann so viel von dir lernen. Und ich kann mit dir zusammen so viel Spaß haben.«

Sich mit Ihnen auszutauschen ist der sehnliche Wunsch Ihres Kindes: »Das brauche ich: dass du mich lieb anguckst und anlächelst und mir über das Haar streichst oder mich hochhebst, mich in den Arm nimmst oder mir einen Kuss gibst. Einfach so, weil ich da bin. Deine Stimme, die brauche ich auch, wenn du lieb mit mir sprichst, und deinen Geruch. Manchmal brauche ich es, dass ich mich ganz eng an dich kuscheln kann. Manchmal will ich aber auch für mich sein – trotzdem habe ich dich dann lieb.«

Verlässlichkeit und Schutz

Ihr Kind braucht das Gefühl, dass immer jemand für es da ist – auch die Großeltern oder eine Tagesmutter können ruhig immer wieder als feste Bezugspersonen einspringen. Es braucht einen vorhersehbaren, regelmäßigen Tagesablauf: »Wer bringt mich zum Kindergarten, wer holt mich ab? Wann gibt es Essen? Wer bringt mich ins Bett – und wie viele Geschichten darf ich dann hören? Wann stehe ich morgens auf?«

Verlässlichkeit ist auch dann besonders wichtig, wenn die Eltern sich getrennt haben: Es muss klar sein, bei wem Ihr Kind zu Hause ist, wann und wie oft es den anderen Elternteil besuchen darf.

Manchmal hat Ihr Kind zu wenig Angst, dann müssen Sie es vor gefährlichen Situationen schützen. Manchmal hat es zu viel Angst, dann machen Sie ihm Mut. Zeigen Sie ihm, dass Sie die Welt kennen, dass Sie stark sind und wissen, was gut für es ist.

Gelegenheit zum Lernen und zum Spielen

Ihr Kind lernt viel, indem es Sie beobachtet. Weil Sie sein Vorbild sind, ahmt es alles nach, Gutes und weniger Gutes. Bis es etwas Neues gut kann, muss es das wieder und wieder üben. Am besten lernt Ihr Kind dabei aus seinen Fehlern, und deshalb will es auch vieles allein machen. Seine Botschaft an Sie: »Lass mich alles allein machen, was ich allein schaffen kann! Zeige mir, dass du mir viel zutraust. Für mich ist es so wichtig, stolz auf etwas zu sein, das ich allein geschafft habe. Hab Geduld mit mir, auch wenn ich mal ein bisschen länger brauche als andere. Verlange nichts von mir, was noch viel zu schwer für mich ist.«

Natürlich lernt Ihr Kind auch von anderen Erwachsenen und ganz besonders von anderen Kindern – deshalb sind Spielgruppen und der Kindergarten so wichtig. Es will auch seine weitere Umgebung spielerisch erkunden und braucht dazu viel Bewegungsfreiheit. Genauso wie es in Ruhe für sich spielen, malen oder basteln will, braucht es die Gelegenheit, das zusammen mit anderen zu tun. Seine Fantasie wird am besten angeregt, wenn es nicht nur mit vorgefertigten Spielsachen spielt, sondern auch mit Alltagsgegenständen wie Kochlöffel und Backschüssel – und ganz oft draußen in der Natur mit Wasser, Steinchen, Tannenzapfen, Laub ...

Starke Eltern

Bestimmt will auch Ihr Kind oft etwas durchsetzen, das ihm schadet: im Winter ohne Jacke nach draußen gehen (Wutanfälle beim Anziehen: sehr beliebt bei Zwei- bis Dreijährigen!), Berge von Süßigkeiten essen, stundenlang fernsehen ... Ihr Kind braucht in diesen Situationen nicht Ihre Nachgiebigkeit, sondern Ihre Stärke, es braucht verlässliche, klare und faire Grenzen.

Ihr kleines Kind muss außerdem lernen, dass auch andere Menschen Bedürfnisse haben. Die wichtigsten »anderen Menschen« sind Sie! Von Ihnen lernt es Rücksicht und Respekt. Aber nur, wenn Sie zu Ihren eigenen Bedürfnissen stehen. Sorgen Sie gut für sich selbst und Ihre Partnerschaft, lassen Sie Ihr Leben nicht völlig von den Wünschen und Forderungen Ihres Kindes bestimmen. Dann kommt Ihr Kind auch später mit anderen besser klar.

TIPP: Zwei wichtige Bausteine für Eltern

> Dem Kind alles geben, was es braucht: Zwischen zwei und sechs Jahren braucht Ihr Kind noch so vieles von Ihnen!

> Dem Kind nicht alles geben, was es will: Ihr Kind muss lernen, dass es nicht allein auf der Welt ist, dass Sie als Eltern manchmal besser wissen, was gut für es ist, und deshalb nicht nachgeben – auch nicht bei einem Trotzanfall.

Was Kinder wollen

Zunächst einmal wollen unsere Kinder all das, was sie brauchen, so wie zuvor beschrieben. Wenn wir ihre Bedürfnisse ernst nehmen und alles tun, um ihnen gerecht zu werden, legen wir den Grundstein für ihr Selbstvertrauen und ihr Vertrauen zu anderen. Solange Ihr Kind etwas will, das Sie selbst gut finden und ihm deshalb gern geben, hat es keinen Anlass für Wut oder Trotzanfälle. Aber Ihr Kind will eben auch vieles, was ihm nicht gut tut. Dann müssen Sie eine Grenze setzen. Das wird ihm nicht gefallen. Für Sie ist es auch nicht angenehm – wer macht sich schon gern bei seinem Kind unbeliebt? Wer mag es, wenn sein Kind kämpft und trotzt, weil es seinen Willen nicht bekommt?

Was ist gut für Ihr Kind?

Einige Beispiele zum Thema Schlafen zeigen, was Kinder zwischen 18 Monaten und fünf Jahren typischerweise gern wollen. Wie würden Sie entscheiden: Sind die folgenden Wünsche gut für ein Kind in dem Alter, oder sollte man hier eine Grenze setzen?

> **Lina** (18 Monate) will zum Einschlafen eine Milchflasche.
> **Marc** (2 Jahre) will nachts ins Elternbett.
> **Marie** (3 Jahre) will, dass Mama zum Einschlafen neben ihr liegt.
> **Leon** (4 Jahre) will, dass Papa ihm abends mindestens drei Geschichten vorliest.

Meiner Meinung nach gibt es in keiner dieser Situationen eine eindeutige Antwort. Wenn Lina trotz der Milchflasche durchschläft, Marcs Eltern sich nicht gestört fühlen, Maries Mama das abendliche Kuscheln neben ihrer Tochter genießt und Leons Papa sich jeden Abend aufs Vorlesen freut, ist alles in Ordnung.

Es könnte aber auch alles ganz anders sein: Wenn Lina nicht nur abends, sondern mehrmals pro Nacht eine Flasche will, ist das nicht gut für sie. Wenn Marcs Mama nachts kein Auge zutut, ist das nicht gut für Marc. Wenn Marie eine Stunde braucht, bis sie einschläft, und Mama ungeduldig und gereizt neben ihr liegt, ist das nicht gut für Marie. Wenn es zwischen Leon und seinem Papa jeden Abend Streit gibt, weil der nicht so lange vorlesen will, ist das nicht gut für Leon. Dann sollten die Eltern eine Grenze setzen.

TIPP: Was passt am besten zu uns?

Wir Eltern müssen uns die Frage, was gut für unser Kind ist, immer wieder neu stellen. Manchmal gibt es darauf mehr als eine Antwort – wir haben die Verantwortung, zu entscheiden, welche davon zu unserem Kind und unserer Familie am besten passt.

Was ist nicht gut für Ihr Kind?

Gefährliches: Was gefährlich ist, dürfen Sie nicht zulassen, auch wenn Ihr Kind es unbedingt will. Kinder wollen sehr oft gefährliche Dinge tun, die sie aber selbst noch nicht richtig einschätzen können. Unter drei Jahren sind Kinder besonders unberechenbar: Sie wollen an Steckdosen spielen, auf die Straße rennen, kleine Sachen in den Mund stecken, am Herdschalter herumdrehen. Aber auch ab drei Jahren sind ihnen viele Gefahren noch nicht bewusst: Sie wollen zum Beispiel mit dem Fahrrad auf der Straße fahren statt auf dem Gehweg, oder sie wollen allein vom Kindergarten nach Hause gehen.

Nicht alles, was Ihr Kind will, ist gut. Oft sind seine Ideen, Wünsche und Vorstellungen nicht akzeptabel.

Unangemessenes: Wenn Ihr kleiner Trotzkopf etwas will, das zwar nicht gefährlich, aber unangemessen ist, gilt ebenfalls: Geben Sie seinem Willen nicht nach. Unangemessen ist:

> **Alles, was dem Kind schadet:** nur Süßes essen, stundenlang fernsehen, im Winter ohne Jacke nach draußen gehen.
> **Alles, worunter jemand anders leidet:** auf dem Spielplatz mit Sand werfen, andere Kinder hauen, ihnen ihr Spielzeug wegreißen, andere beschimpfen, ständig herumnörgeln, alle Schubladen ausräumen und alles liegen lassen ...
> **Alles, wodurch etwas beschädigt werden kann:** am Computer herumschalten, mit Essen herumschmieren, mit Spielsachen werfen, Tapeten bemalen, im Wohnzimmer Fußball spielen.

Unsinniges: Besonders oft wollen Kinder etwas, das eigentlich nicht »schlimm«, im Moment aber völlig unsinnig oder einfach nicht machbar ist. Zum Beispiel: am Sonntag in den Kindergarten gehen, im Winter ein Sommerkleid anziehen, einen anderen (falschen) Weg gehen, lieber den blauen Becher haben als den roten und dann doch lieber den gelben, die Sauce von den Nudeln wieder herunter haben, mit Mama zur Arbeit gehen, abends um neun ein Puzzle mit 100 Teilen anfangen. Immer wieder müssen Sie dann sagen: »Das geht jetzt nicht!«

Was muss sein – auch wenn Ihr Kind es nicht will?

Wenn Sie Ihrem Kind nicht das erlauben, was es gerade unbedingt will, verderben Sie ihm den Spaß. Alle Eltern müssen leider manchmal die Spielverderber sein – indem sie ihrem Kind etwas Gefährliches, Unangemessenes oder Unsinniges verbieten (siehe vorige Seite). Außerdem müssen sie auch sehr oft etwas von ihrem Kind verlangen, was ihm überhaupt nicht gefällt.

> Das betrifft zum einen vieles, was zur täglichen Routine gehört: das Windelnwechseln über sich ergehen lassen, anziehen, bei den Mahlzeiten sitzen bleiben, zur Toilette gehen, die Spielsachen wieder aufräumen, sich waschen und die Zähne putzen, den Schlafanzug anziehen und ins Bett gehen.

> Darüber hinaus gibt es jeden Tag auch noch unzählige weitere Situationen, in denen Sie von Ihrem Kind etwas verlangen müssen, wozu es garantiert keine Lust hat. Zum Beispiel: aus der Badewanne endlich wieder rauskommen, den Fernseher ausmachen und sich mit an den Esstisch setzen, in der Stadt an Mamas Hand gehen statt allein, der Schwester das Spielzeug zurückgeben, im Winter Jacke, Schal und Mütze anziehen.

Eltern müssen entscheiden

In all diesen Situationen müssen Sie als Eltern entscheiden, welches Verhalten Ihres Kindes in seinem jeweiligen Alter sinnvoll und angemessen ist. Dafür stellen Sie Regeln auf. Diese Regeln sollten natürlich gut überlegt und fair sein – aber dann muss Ihr Kind akzeptieren, was Sie von ihm fordern: »Du musst jetzt tun, was ich sage, auch wenn es dir nicht gefällt.«

Manchmal ist es für uns Eltern gar nicht so leicht, sich gegen den Willen unserer Kinder durchzusetzen. Es macht keinen Spaß, sich unbeliebt zu machen und heftigen Protest aushalten zu müssen. Aber wenn etwas für Ihr Kind gut ist, müssen Sie es auch gegen seinen Willen von ihm einfordern.

Ein anschauliches Bild dafür, was Kinder wollen und was Eltern von ihnen verlangen und warum, sind die beiden Trotz-Kisten (siehe rechte Seite und Seite 25). Sie zeigen auch, was Kinder davon haben, wenn es nicht immer nach ihrem Willen geht.

TIPP: Verlässliche Regeln

Was Ihr Kind heute darf, was es nicht darf oder was es tun muss, gilt so auch morgen und übermorgen noch. Wenn Sie aus gutem Grund eine Ausnahme machen oder eine Regel abändern, erklären Sie Ihrem Kind das. So weiß es, woran es sich halten kann.

Die Trotz-Kisten

Wenn Sie Ihrem Kind nicht seinen Willen geben oder gegen seinen Willen etwas durchsetzen wollen, dann haben Sie es als Eltern
nicht leicht. Vor allem, wenn Ihr Kind gerade im Trotzkopfalter
ist: Es ist bereit zu kämpfen, und es gibt nicht so leicht auf. Das
kann sehr laut und sehr anstrengend werden. Die Versuchung, genervt nachzugeben, ist groß: Dann hätten Sie Ihre Ruhe.

Die »Ich-will-Kiste«

Was auch immer gerade die »Ich-will-Kiste« ausmacht – solange
die Kinder darin stecken, fühlen sie sich gut. Auch die Eltern genießen es, wenn ihr Kind Freude an etwas hat oder wenn ihm etwas gut gelingt. Oft sind die Eltern sogar mit in der Kiste: wenn sie
mit ihrem Kind zusammen etwas tun, das beiden Spaß macht.
Auch bei wünschenswerten und sinnvollen Tätigkeiten gilt: Irgendwann ist die Spiel- und Spaßzeit vorbei – vielleicht, weil das
Kind ins Bett gehen soll oder in den Kindergarten, weil es mit zum
Einkaufen kommen soll oder weil Essenzeit ist. Dann muss es raus
aus der Kiste. Wenn das Kind etwas Gefährliches, etwas Unangemessenes oder etwas Unsinniges will (siehe Seite 20), muss es
ebenfalls raus aus der »Ich-will-Kiste«, und zwar sofort.

Irgendwann muss Ihr Kind
raus aus der »Ich-will-Kiste«.
Darauf folgt im Trotzalter
nicht selten Donnergrollen
oder sogar ein ausgewach-
senes Gewitter, sprich ein
heftiger Trotzanfall.

**TIPP: Kein Kind ist
wie das andere**
Schon im Babyalter gibt es
»pflegeleichte« und »an-
strengende« Kinder, und
das ist auch im Trotzalter
nicht anders. Es ist gut,
wenn Sie als Eltern die
besonderen Eigenschaften
Ihres Kindes richtig ein-
schätzen können. Ab Seite
28 finden Sie einen Fragebogen dazu.

> **Daniel** (4 Jahre) hat in seiner »Ich-will-Kiste« vor allem Spiele mit Waffen: Jeder Stock, jeder Legostein wird dazu umfunktio-niert, am liebsten kämpft und »ballert« er den ganzen Tag. Da-niels Eltern sind entsetzt. Weil er nicht von selbst aufhört, müssen sie ihn immer wieder aus der Kiste herausholen: »Es reicht. Gib mir den Stock!« Daniel findet das nicht lustig.

> **Liane** (2 Jahre) liebt Süßes. Wenn sie beim Einkaufen mit Mama Süßigkeiten sieht, will sie die haben, und zwar sofort. Süßigkei-ten gehören in ihre »Ich-will-Kiste« – wie kann Mama ihr nur den Spaß verderben? Lianes Welt bricht zusammen, zumindest benimmt sie sich so, wenn Mama bei ihrem Nein bleibt.

»Ich will, aber ich darf nicht« – dieser Konflikt ist für ein Kind im Trotzalter schwer auszuhalten. Er entsteht immer dann, wenn die Kinder nicht aufhören können. Wenn sie ein Nein, ein »Lass das«, ein »Jetzt nicht« oder ein »Jetzt ist es genug« einfach nicht akzep-tieren können. Wer muss dann nachhelfen? Wenn ich in meiner Praxis die Kinder frage, bekomme ich sehr häufig die Antwort: »Das macht die Mama.« Wer das Kind aus der »Ich-will-Kiste« holt, kriegt Ärger ab. Der Papa spielt in vielen Familien wesentlich seltener die Rolle des »Spaßverderbers«.

Was passiert nun, wenn Sie Ihr Kind aus der »Ich-will-Kiste« her-ausholen? Die gute Stimmung ist hin, Spannung liegt in der Luft. Ihr Kind protestiert, schimpft oder heult. Von seinem Tempera-ment hängt ab, wie laut und hartnäckig es protestiert und wie sich die Spannung bei ihm entlädt. Sein Unwillen kann sich als leichtes Grummeln äußern oder als ausgewachsenes Gewitter mit Blitz, Donner und Sturzregen – der klassische Trotzanfall.

Die »Ich muss-Kiste«

Alles, was sein muss, weil es gut für das Kind ist, gehört in die »Ich-muss-Kiste«. Kein Kind geht da freiwillig hinein: Mama oder Papa müssen nachhelfen und etwas einfordern, das nicht ange-nehm ist. Langweilige oder lästige Dinge tun, kleine Pflichten er-ledigen: Das empfinden kleine Trotzköpfe jedes Mal wieder als Zumutung. Je nach Temperament und Kampfbereitschaft liegt wiederum ein »Gewitter« in Form eines Wutanfalls in der Luft.

> **Daniel** kommt morgens schwer in die Gänge. Er mag nicht aufstehen, und er hat er keine Lust, sich anzuziehen. Er trödelt und trödelt. Tagsüber ist Aufräumen die größte Zumutung. Abends will Daniel absolut nicht ins Bett. Wenn seine Eltern ihren Sohn mit Nachdruck in die »Ich-muss-Kiste« schicken, wehrt er sich heftig.

> **Liane** kann am Tisch einfach nicht auf ihrem Platz sitzen bleiben. Bei jeder Mahlzeit will sie nach wenigen Minuten runter von ihrem Hochstuhl und lieber herumlaufen. »Bleib sitzen!« – das gehört für Liane ganz klar zur »Ich-muss-Kiste«. Genauso schwer fällt es ihr, draußen in der Nähe der Eltern zu bleiben. Sie mag unterwegs nicht an der Hand gehen, und sie mag nicht im Buggy sitzen. Sie zeigt ihren Eltern immer wieder sehr deutlich, dass sie das nicht will. Viel lieber würde sie einfach loslaufen, immer »der Nase nach«.

»Ich muss, aber ich will nicht« – auch dieser Konflikt ist für ein Kind im Trotzalter schwer auszuhalten. Mehr oder weniger laut und deutlich zeigt Ihr Kind Ihnen dann, dass es auf keinen Fall in die »Ich-muss-Kiste« hinein will. Wenn Sie dann seinem Willen immer noch nicht nachgeben und auf Ihrer Anweisung bestehen, ist heftiges Donnergrollen angesagt.

Wenn Sie als Eltern auf etwas bestehen, das Ihr Kind im Trotzalter überhaupt nicht will, müssen Sie oft ebenfalls mit einem lautstarken und stürmischen Gewitter rechnen.

Wie Sie mit den Trotz-Kisten umgehen können

»Ich will, aber ich darf nicht!« und »Ich muss, aber ich will nicht!« – diese Erfahrungen müssen Sie Ihrem Kind immer wieder zumuten. Kinder im Trotzalter reagieren darauf mit »Gewitterstimmung«: mit Frust, Ärger und Wut. Das lässt sich nicht vermeiden. Wie heftig das »Gewitter« ausfällt und wie lange es dauert, hängt sehr davon ab, wie temperamentvoll und willensstark Ihr Kind ist. Wenn Sie einen kleinen Kämpfer und »Dickkopf« zu Hause haben, können sich ungeahnte Kräfte entfalten.

Aber auch Ihr Verhalten als Eltern spielt eine große Rolle. Sie entscheiden, was Ihr Kind aus den unvermeidlichen Konflikten lernt. Sie haben zwei Möglichkeiten zu reagieren.

Sich mit ins Gewitter stellen ...

Die erste Möglichkeit: Sie nehmen den Ärger Ihres Kindes persönlich, stellen sich mit ins Gewitter, steuern selbst Blitze und Donner bei, indem Sie nun auch laut werden, schreien, schimpfen und Ihrem Kind Vorwürfe machen.

Ihr Kind lernt daraus: »Schreien und Schimpfen sind anscheinend völlig in Ordnung. Meine Eltern machen es ja auch!« Und: »Wenn ich anfange zu kämpfen, machen meine Eltern mit. Das ist interes-

Wenn Sie sich mit ins Gewitter stellen und ebenfalls laut werden, nimmt Ihr Kind den Kampf mit Ihnen auf. So lernt es nur, seine Wutanfälle gezielt einzusetzen.

sant. Ich probiere mal, ob ich da gewinnen kann.« Ihr Kind lernt also wenig aus der Sache – im Mittelpunkt steht der Kampf, bei dem es sich mit Ausdauer und Nervenstärke durchsetzen möchte. Wenn ihm das ab und zu gelingt, versucht es immer öfter, sich durchzusetzen, auch mithilfe von Wutanfällen und Trotz.

... oder unterm Schutzschirm abwarten

Die zweite Möglichkeit, wie Sie reagieren können: Sie schauen sich den Temperamentsausbruch Ihres Kindes mit Verständnis und Gelassenheit an, stellen sich nicht mit ins Gewitter und steuern selbst keine Blitze, kein Donnergrollen bei. Stattdessen schützen Sie sich sozusagen mit einem Schirm, bis es vorbei ist.

Ihr Kind lernt daraus: »Wenn ich wütend werde, bleiben meine Eltern ruhig. Sie bleiben bei der Sache und bestehen darauf, dass ich etwas nicht tun darf oder etwas tun muss. Ob ich schreie und wütend werde oder nicht, spielt dabei keine Rolle. Das ist mein Problem.« So ermöglichen Sie Ihrem Kind genau die Lernerfahrungen, die für seine Entwicklung hilfreich sind: Es lernt nach und nach, bestimmte Regeln und Pflichten zu akzeptieren. Die Trotzanfälle gehören dazu, werden aber nicht mit besonderer Aufmerksamkeit belohnt. Deshalb werden sie von allein immer seltener.

TIPP: Erziehungsaufgaben fair teilen

Väter gehen oft gern mit in die »Ich-will-Kiste«: Toben, Fußballspielen, Rollenspiele ... Die »Ich-muss-Kiste« mit Zubettbringen, Neinsagen & Co. überlassen sie der Mama. Das ist nicht fair. Beide Eltern sollten schöne, entspannte Zeiten mit ihrem Kind verbringen können. Übernehmen Sie gemeinsam die Verantwortung für beide Kisten!

Wenn Sie entspannt unterm Schutzschirm abwarten, bis das Gewitter vorbei ist, lernt Ihr Kind daraus, dass es mit seinen Wutanfällen nichts erreichen kann.

Mit den folgenden Fragebögen können Sie herausfinden, wo Ihr Kind und Sie Ihre Stärken haben. Hat Ihr Kind in seinem Verhalten insgesamt noch viele »Ecken und Kanten«, oder entwickelt es sich ganz besonders positiv? Wo liegen Ihre Stärken bei der Erziehung Ihres Kindes, und wo können Sie sich noch verbessern?

1. Wo steht Ihr Kind in seiner Entwicklung?

Der folgende Fragebogen ist am besten geeignet, wenn Ihr Kind zwischen drei und sechs Jahre alt ist. Auf Kinder in diesem Alter ist die Auswertung der erzielten Punkte zugeschnitten. Wenn Ihr Kind jünger als 3 Jahre ist, können Sie den Fragebogen natürlich ebenfalls schon ausfüllen. Aber bedenken Sie: Je jünger Ihr Kind ist, desto weniger Punkte wird es erzielen, was ganz normal und altersentsprechend ist. Alle Fähigkeiten, um die es hier geht, werden von den meisten Kindern erst später erlernt. Genau deshalb ist die Zeit, bevor die Kinder 3 Jahre alt sind, so besonders anstrengend. Aber bei vielen Kindern ist das Trotzalter auch dann noch nicht vorbei, sie bleiben »eher schwierig«.

Die Auswertung auf Seite 30 gibt Ihnen Anhaltspunkte zu den Stärken und Schwächen Ihres Kindes. Der Fragebogen ist aber nicht dafür da, eine »Diagnose« zu stellen oder zu erfahren, ob Ihr Kind eine »Störung« hat. Viele Eltern schauen gebannt auf eher problematisches Verhalten ihres Kindes – und vieles Erfreuliche entgeht ihnen dabei. Das ist schade! Der folgende Fragebogen zählt daher positive, erwünschte Verhaltensweisen auf.

Soziale Fähigkeiten

Hält sich an Regeln.	0	1	2	3
Kann sich gut selbst beruhigen.	0	1	2	3
Wirkt beim Spielen zufrieden, freut sich über Erfolge.	0	1	2	3
Spielt Rollenspiele.	0	1	2	3
Erzählt bereitwillig von seinen Erlebnissen.	0	1	2	3

Summe: _____

Ausdauer und Konzentration

Ist an vielen Spielangeboten interessiert.	0	1	2	3
Kann über längere Zeit bei einer Tätigkeit bleiben.	0	1	2	3
Versucht geduldig, auch schwierige Aufgaben zu lösen.	0	1	2	3
Kann in Ruhe stiller Beschäftigung nachgehen.	0	1	2	3
Malt und bastelt gern.	0	1	2	3

Summe: _____

Selbstvertrauen

Kann sich ohne Probleme von Mutter oder Vater trennen.	0	1	2	3
Kann mit schwierigen Situationen umgehen, ohne zu weinen.	0	1	2	3
Kommt gut mit fremder Umgebung zurecht.	0	1	2	3
Nimmt mit Kindern oder Erwachsenen außerhalb der Familie Kontakt auf.	0	1	2	3
Hält Blickkontakt.	0	1	2	3

Summe: _____

Friedfertigkeit und Bereitschaft zur Zusammenarbeit

Bleibt ruhig bei Frustrationen.	0	1	2	3
Kann ein Nein akzeptieren.	0	1	2	3
Kann warten, ohne zu quengeln.	0	1	2	3
Erledigt Pflichten zügig und ohne zu trödeln.	0	1	2	3
Redet respektvoll mit Erwachsenen.	0	1	2	3
Seine Stimmung ist ruhig und ausgeglichen.	0	1	2	3
Folgt bereitwillig den Anweisungen der Eltern.	0	1	2	3
Lässt andere Kinder in Ruhe, auch wenn es gerade nicht mitspielen kann.	0	1	2	3
Verhält sich anderen Kindern gegenüber freundlich.	0	1	2	3
Geht sorgfältig mit Gegenständen um.	0	1	2	3

Summe: _____

Schlafen, Essen, Sauberwerden

Schläft ohne Probleme ein.	0	1	2	3
Schläft nachts durch.	0	1	2	3
Bleibt beim Essen sitzen.	0	1	2	3
Akzeptiert das, was auf den Tisch kommt, ohne zu jammern.	0	1	2	3
Ist tagsüber und nachts trocken.	0	1	2	3

Summe: _____

Nie oder fast nie (0 Punkte), manchmal (1 Punkt), oft (2 Punkte), sehr oft (3 Punkte)

Auswertung

Soziale Fähigkeiten

Liegt Ihr Kind hier im besonders positiven Bereich (ab 13 Punkte) oder im mittleren Bereich (8 bis 12 Punkte), hat es bereits gute Voraussetzungen, aus seinen Erfahrungen zu lernen und Verantwortung zu übernehmen. Wenn Sie Ihr Kind aus der »Ich-will-Kiste« holen oder in die »Ich-muss-Kiste« befördern, regt es sich vielleicht auf, aber es findet einen Weg, damit klarzukommen. Würdigen Sie die Stärken Ihres Kindes und zeigen Sie ihm immer wieder Ihre Freude darüber; das hilft ihm, sich weiterhin positiv zu entwickeln.

Konnten Sie Ihrem Kind weniger als 7 Punkte geben? Dann ist es erst recht wichtig, dass Sie jedem positiven Verhalten Aufmerksamkeit schenken, um Ihr Kind zu motivieren.

Ausdauer und Konzentration

Wenn Ihr Kind hier 8 Punkte oder mehr bekommt, hat es gute Voraussetzungen, selbstständig zu lernen. Hat es weniger als 7 Punkte, braucht es Ihre Unterstützung ganz besonders: Üben Sie mit ihm, dass es auch Zeiten gibt, in denen es sich allein beschäftigen muss. Widmen Sie ihm aber auch regelmäßig Zeit für gemeinsame Aktivitäten wie Bilderbuchanschauen, Singen, Malen oder Puzzeln.

Selbstvertrauen

Die meisten Kinder, gerade jüngere, brauchen in neuen Situationen oder bei Fremden Zeit, bis sie »warm werden« und ihre Schüchternheit zumindest zum Teil ablegen. Zwischen zwei und fünf Jahren gibt es hier viele Gelegenheiten, aus Erfahrung zu lernen. Solange Ihr Kind langsam Fortschritte macht, besteht kein Grund zur Sorge, auch dann nicht, wenn es weniger als 8 Punkte erreicht. Sollte es sich jedoch mit zunehmendem Alter immer weniger zutrauen oder immer ängstlicher erscheinen, braucht es Unterstützung. Eine enge Zusammenarbeit mit dem Kindergarten ist dabei notwendig.

Friedfertigkeit und Bereitschaft zur Zusammenarbeit

Wenn Sie Ihrem Kind hier 20 Punkte und mehr geben, haben Sie ein besonders kooperatives, »pflegeleichtes« Kind. Sind es 13 bis 19 Punkte, ist Ihr Alltag durchaus anstrengend. Trotzanfälle und Konflikte gehören dazu, aber alles im normalen Bereich. Haben Sie weniger als 13 Punkte vergeben, ist Ihr Kind wahrscheinlich sehr willensstark und kampfbereit. Gegen Wutanfälle und Trotz sollten Sie als Eltern gut gewappnet sein. Von den Tipps in diesem Buch können Sie besonders profitieren.

Schlafen, Essen, Sauberwerden

Auch hier spielt das Alter Ihres Kindes eine wichtige Rolle: Das Trockenwerden klappt selten vor dem vierten Lebensjahr, nächtliches Einnässen ist auch bei Fünfjährigen noch weit verbreitet. Unabhängig von der Gesamtpunktzahl kann aber jedes einzelne Problem eine große Belastung für die Familie sein: Wenn etwa das Ein- und Durchschlafen nicht klappen will, empfinden Sie Ihr Kind sicher als »eher schwierig«, auch wenn tagsüber alles ganz harmonisch läuft. Beim Schlafen, Essen und Sauberwerden geht es um körperliche Bedürfnisse Ihres Kindes. Damit müssen Sie besonders behutsam umgehen. Erzwingen können Sie hier gar nichts.

2. Wo liegen Ihre Stärken und Schwächen als Eltern?

Nicht nur kleine Trotzköpfe, sondern auch Eltern haben ihre Stärken und Schwächen. Mithilfe dieses Fragebogens können Sie erkennen, in welchen Bereichen Sie selbst schon vieles gut machen und wo Sie noch an sich arbeiten können.

Wichtig: Bei den Themen »Klartext reden« und »Konsequent handeln« zählen die erreichten Punkte nur dann, wenn Ihre Anweisungen freundlich und sachlich und Ihre Konsequenzen fair und durchdacht sind!

Je mehr Punkte Sie sich in jedem Bereich geben können, umso besser ist es. Für jeden Bereich gibt es eine erstrebenswerte Mindestpunktzahl:
Selbstkontrolle: 10 Punkte
Klartext reden: 8 Punkte
Konsequent handeln: 10 Punkte
Zuwendung geben: 10 Punkte

Selbstkontrolle: Wenn mein Kind sich unangemessen verhält ...

... behalte ich die Kontrolle über mich.	0	1	2	3
... rede ich ruhig und bestimmt.	0	1	2	3
... mache ich ihm das ohne verletzende Äußerungen klar.	0	1	2	3
... kann ich danach auch schnell wieder vergeben und vergessen.	0	1	2	3
... und ich zu heftig reagiert habe, entschuldige ich mich bei ihm.	0	1	2	3

Summe: _____

Klartext reden

Bevor ich eine Konsequenz folgen lasse, ermahne ich mein Kind höchstens dreimal.	0	1	2	3
Wenn ich ihm eine Grenze setze, rede ich eher wenig.	0	1	2	3
Wenn mir wichtig ist, dass mein Kind etwas tut oder lässt, gebe ich klare Anweisungen.	0	1	2	3
Wenn mein Kind bei einem Verbot oder einer Anweisung anfängt zu diskutieren, bleibe ich fest.	0	1	2	3

Summe: _____

Nie oder fast nie (0 Punkte), manchmal (1 Punkt), oft (2 Punkte), sehr oft (3 Punkte)

Konsequent handeln

Wenn mein Kind sich unangemessen verhält, reagiere ich sofort.	0	1	2	3
Eine angekündigte Konsequenz setze ich auch in die Tat um.	0	1	2	3
Wenn mein Kind meinen Aufforderungen nicht nachkommt, lasse ich Taten folgen.	0	1	2	3
Wenn es sich über eine Anweisung aufregt, bleibe ich trotzdem dabei.	0	1	2	3
Ich mache ihm sehr deutlich klar, was erlaubt ist und was nicht.	0	1	2	3

Summe: _____

Zuwendung geben

Wenn mein Kind sich normal verhält, schenke ich ihm von mir aus meine Aufmerksamkeit.	0	1	2	3
Wenn ich mich über das Verhalten meines Kindes freue, sage ich es ihm.	0	1	2	3
Ich zeige meinem Kind, dass ich ihm etwas zutraue.	0	1	2	3
Ich biete meinem Kind Körperkontakt und Zärtlichkeit an.	0	1	2	3
Ich sage meinem Kind, wie sehr ich es lieb habe.	0	1	2	3

Summe: _____

Nie oder fast nie (0 Punkte), manchmal (1 Punkt), oft (2 Punkte), sehr oft (3 Punkte)

Auswertung

Selbstkontrolle üben

Je mehr Punkte Sie hier erzielen, desto besser: Bei 10 Punkten und mehr reagieren Sie souverän und behalten die Kontrolle, wenn Ihr Kind sich unangemessen verhält.

Weniger als 10 Punkte sollten Ihnen dagegen zu denken geben. Beobachten Sie sich. Versuchen Sie, Ihren Punktwert zu erhöhen. Je trotziger und willensstärker Ihr Kind ist, desto schwieriger ist es für Sie, Ihre eigene Selbstkontrolle aufrechtzuerhalten – und desto wichtiger ist es. Denn ein willensstarkes Kind, das sich über alles Mögliche aufregt und wegen jeder Kleinigkeit »ausflippt«, braucht besonders dringend Eltern, die wie ein Fels in der Brandung Stürmen und Gewittern trotzen und ruhig bleiben.

Klartext reden

Reden Sie so, dass Ihr Kind Ihnen zuhört und dass Ihre Botschaft ankommt? Sollten Sie in diesem Bereich 8 oder mehr Punkte erreicht haben, sind Sie schon ziemlich gut im Klartext-Reden. Bei weniger als 8 Punkten versuchen Sie sich zu steigern. So machen Sie sich selbst und Ihrem Kind auf Dauer das Leben leichter.

Konsequent handeln

Das konsequente Handeln ist die Fortsetzung vom Klartextreden. Immer wenn Reden allein nicht hilft, müssen die Eltern den Worten Taten folgen lassen, und zwar möglichst auf eine faire und vorhersehbare Art und Weise. Wenn das noch nicht so gut klappt, arbeiten Sie daran. 10 Punkte sollten Sie hier mindestens anstreben. Die Fähigkeit zum konsequenten Handeln ist besonders wichtig, wenn Sie ein willensstarkes Kind haben, das unter allen Umständen alles selbst bestimmen will. Mehr dazu lesen Sie ab Seite 35.

Zuwendung geben

Sie wissen, wie entscheidend es ist, besonders auf das Positive zu achten, Ihrem Kind Ihre Zuneigung zu zeigen und es in seinem Selbstvertrauen zu stärken. Aber denken Sie auch immer daran? Mehrmals täglich? Zu viele Punkte können es in diesem Bereich gar nicht sein. Ihre Liebe und Zuwendung ist das, was Ihr Kind am dringendsten braucht. Damit können Sie Schwächen in anderen Bereichen ausgleichen.

TROTZ AUS WUT UND WILLENSSTÄRKE

Wutanfälle und Trotzreaktionen gehören bei kleinen Kindern einfach dazu. Helfen Sie Ihrem Kind, mit seiner Wut umzugehen!

»Ich will aber …!« Wutanfälle bei Trotzköpfen bis 3 Jahre

Fast zwei Drittel der Kinder zwischen eineinhalb und drei Jahren haben heftige Trotzanfälle, wie eine Münchner Studie ergab. Auch wenn es sich also um »normale Krisen« handelt, sollten Sie als Eltern wissen, wie Sie darauf am besten reagieren. Das ist umso schwieriger, wenn die Wutanfälle mit zunehmendem Alter nicht verschwinden, sondern bleiben oder sogar stärker werden.

Ihr Kind braucht die Erfahrung, dass nicht alles nach seinem Willen gehen kann. Nur dann kann es lernen, damit umzugehen.

(Auch) eine Frage des Temperaments

Wie unterschiedlich sich Kinder im zweiten und dritten Lebensjahr verhalten, kann ich sehr gut in meiner Praxis beobachten. Vor kurzem brachte eine Mutter ihren fast dreijährigen Sohn mit.

> **Tom** beschäftigte sich während der ganzen Stunde selbstvergessen mit den bereitgestellten Bausteinen, Autos, Figuren und Bilderbüchern. Ab und zu nahm er zu seiner Mama Kontakt auf, um ihr etwas zu zeigen oder sich Hilfe zu holen. Am Ende der Stunde musste kaum etwas aufgeräumt werden. Während der ganzen Stunde war Toms Mutter und mir eine ungestörte Unterhaltung möglich.

Beim nächsten Termin war nicht Tom dabei, sondern sein kleiner Bruder, der 20 Monate alte Leo.

> **Leo** stürmte herein wie ein Wirbelwind. Ehe wir uns versahen, versuchte er auf den Schreibtisch zu klettern, die Gardine aus der Halterung zu ziehen, die Kindersicherung der Steckdosen zu testen, den Computer auszuschalten, ein Bücherregal auszuräumen. Zwei Minuten später lag alles angebotene Spielzeug in Einzelteilen weiträumig verstreut auf dem Fußboden. Diesmal war ein Gespräch mit der Mutter kaum möglich, da sie immer wieder eingreifen musste und Leo deshalb immer wieder in Wutgeschrei ausbrach.

Liegen solche Unterschiede zwischen den Kindern an der Erziehung? Die alleinige Ursache kann sie zumindest nicht sein. Wie könnten dann zwei Brüder, die bei denselben Eltern unter sehr ähnlichen Bedingungen aufwachsen, so unterschiedliche Temperamente entwickeln? Ob Ihr Kind motorisch eher zurückhaltend ist, gern zuschaut und meist lächelt und scheinbar in sich ruht oder ob es ruhelos wie »unter Strom« von einer Aktivität zur nächsten rennt, darauf haben Sie zunächst einmal wenig Einfluss. Kleine Wirbelwinde wie Leo sind im Trotzalter eine besondere Herausforderung. Weil sie keine »eingebaute Bremse« haben, legen sie ein hohes Tempo vor. Viel öfter als andere müssen sie an etwas gehindert oder vor etwas geschützt werden, viel öfter als anderen gelingt ihnen etwas nicht, sind sie unzufrieden und haben gute Gründe für einen heftigen Wutanfall.

IN DIE WIEGE GELEGT: DAS TEMPERAMENT

Für alle Kinder im zweiten und dritten Lebensjahr sind heftige Trotzreaktionen normal. Aber es gibt große Unterschiede: »Aktive Wirbelwinde« haben häufiger Wutanfälle als »ruhige Beobachter«. Das Temperament Ihres Kindes können Sie nicht beeinflussen. Sie können es nur annehmen, wie es ist!

Wutanfälle: mal vorhersehbar ...

> **Marlene** war noch nicht einmal zwei, als ihre Wutanfälle anfingen. Sie kamen immer, wenn etwas nicht genau nach ihren Vorstellungen ablief. Marlene hatte sehr genaue Vorstellungen: Niemand außer ihr durfte das Reinigungs-Tab in die Spülmaschine legen. Niemand außer ihr durfte die Eingangstür öffnen. Niemand durfte vor ihr am Tisch sitzen. Niemand außer Mama durfte ihr den Löffel reichen. Wenn mal jemand etwas anderes wagte, fing Marlene an, aus Leibeskräften zu brüllen. Meist warf sie sich dabei auf den Boden. Ihre Wutanfälle konnten mehrmals am Tag auftreten, und sie konnten bis zu einer Stunde dauern! Es war nicht möglich, Marlene zu besänftigen oder zu trösten. Irgendwann hörte sie erschöpft auf zu schreien. Danach spielte sie fröhlich und zufrieden, als ob nichts gewesen wäre.

Tatsächlich waren Marlenes Wutanfälle normal und altersgerecht. Sie kamen nur öfter vor, waren heftiger und dauerten länger als bei anderen Kindern. Das lag zu einem guten Teil an Marlenes Temperament. Es gehört schon eine Menge Power dazu, eine volle Stunde lang zu brüllen! Das Besondere an Marlene war, dass sie sehr genau wusste, was sie wollte. Sie hatte ihre eigenen Rituale und Regeln entwickelt. Um Wutanfälle ihrer Tochter zu vermeiden, ging ihre Familie oft darauf ein.

> **Marlenes Vater** wollte nach Feierabend seine Ruhe haben. Marlenes Geschrei am Abend raubte ihm den letzten Nerv. Deshalb wählte er die Methode »vorbeugende Anpassung«: Er kannte Marlenes Wünsche und verhielt sich genau so, wie sie es wollte. Dasselbe machte auch Marlenes achtjähriger Bruder.

Sicher ließen sich so einige Wutanfälle umgehen. Aber das hatte Nebenwirkungen. Marlenes Weltbild bestätigte sich: »Alles dreht sich um mich. Ich kann alles bestimmen!« Wenn Vater oder Bruder ihren Wunsch nicht richtig eingeschätzt hatten, wenn sie ein neues Ritual für sich entdeckt hatte oder wenn die etwas konsequentere Mama einmal nicht auf ihren Willen einging, war das für Marlene wie ein persönlicher Angriff. Die anderen hätten wissen müssen, was Marlene wollte – meistens taten sie es doch sonst auch! Entsprechend heftig fiel der nächste Wutanfall aus.

ROTZ UND TROTZ
Wie verbreitet Wutanfälle bei den Zwei- bis Dreijährigen sind, spiegelt sich vielfach im Sprachgebrauch wider: Die Schwaben sagen »Rotz- und Trotzalter«. Im Englischen gibt es den Ausdruck »terrible two«.

... mal überraschend

> **Finn** (2 Jahre) hatte wie Marlene täglich mehrere Wutanfälle. Anders als bei Marlene waren sie bei ihm aber nicht vorhersehbar, sondern konnten jederzeit auftreten. Wenn er seine Kartoffeln mit Soße bekam, wollte er die Soße wieder herunter haben. Wenn er ein Glas bekam, wollte er lieber einen Becher haben. Aber doch nicht den blauen Becher, sondern den roten, und dann doch lieber den gelben! Wenn Finn laufen sollte, wollte er lieber auf den Arm. Wenn er beim Einkaufen in den Kindersitz des Einkaufswagens gesetzt wurde, wollte er lieber laufen. Wenn er aus dem Auto aussteigen sollte, wollte er lieber sitzen bleiben. Immer wenn Finn nicht das bekam, was er wollte, wurde er wütend. Seine Trotzanfälle waren nicht ganz so lang anhaltend und ausgiebig wie die von Marlene, sie kamen dafür aber mindestens zehnmal am Tag vor.

Finns Eltern hatten gar keine Chance zur »vorbeugenden Anpassung« wie die Eltern von Marlene. Dafür war das, was der Kleine wollte, viel zu unberechenbar. Sie hatten aber die Möglichkeit, sein Geschrei zu beenden, indem sie ihm das gaben, was er wollte.

> **Finns Eltern** gaben ihm einen neuen Teller mit Kartoffeln ohne Soße, wenn er »die Soße herunter haben« wollte. Wenn Finn zum Trinken nicht das Glas, sondern einen Becher haben wollte, bekam er den ebenfalls. Und dann bekam er auch noch den nächsten Becher in einer anderen Farbe. Er durfte sehr oft auf den Arm. Er wurde vom Autositz direkt in den Sitz des Einkaufswagens gehoben. Und wenn er dort nicht sitzen bleiben wollte, durfte er laufen …

Was lernte Finn daraus? »Alles muss so sein, wie ich es haben will. Wenn es mal nicht so ist, schreie ich. Dann bekomme ich doch noch das, was ich will.« Finns Trotzanfälle wurden also von seinen Eltern in ihrer Not belohnt. Er hatte deshalb überhaupt keinen Grund, damit aufzuhören.

Manchmal war es Finns Eltern nicht möglich nachzugeben, etwa wenn Finn etwas Gefährliches wollte. Dann versuchten sie ihn abzulenken, ab und zu wurden sie auch ungeduldig und laut. Aus dieser Mischung konnte Finn nichts Hilfreiches lernen.

NACHGEBEN HAT SEINEN PREIS

Es ist keine gute Idee, Ihrem Kind immer seinen Willen zu geben, wenn es wütend ist. Kurzfristig kehrt zwar die ersehnte Ruhe ein, aber Ihr Kind erlebt auf diese Weise, dass sein negatives Verhalten belohnt wird. Was Sie stattdessen tun können, lesen Sie auf den folgenden Seiten.

Zwischen eineinhalb und drei Jahren entdeckt Ihr Kind: »Ich bin ich!«

Mit Wutanfällen richtig umgehen

Was bringt unsere Zweijährigen so aus der Fassung? Die gute Nachricht lautet: Die Wut ist ein Beweis für den sich entwickelnden Verstand. Wut ist immer die Folge von Frust: »Ich will, aber ich darf nicht« oder »Ich muss, aber ich will nicht« (siehe ab Seite 23). Dazu kommt noch: »Ich will, aber ich kriege es nicht hin.«

Ein ganz wichtiger Meilenstein in der Entwicklung ist die Selbsterkenntnis (siehe Seite 11): Bevor Ihr Kind denken kann »Ich will …«, muss es verstanden haben: »Ich bin ich.« Das passiert nach und nach zwischen dem 18. und dem 36. Monat. Irgendwann gebraucht Ihr Kind das Wort »ich« – der Auftakt für die manchmal für beide Seiten so anstrengende Testphase: »Was kann ich bewirken?« Mit Beginn des Trotzalters wird Ihr Kind zum kleinen Wissenschaftler und probiert gezielt etwas aus. Eine bewundernswerte Leistung!

»Wie sag ich's meinen Eltern?«

Natürlich hat Ihr Kind auch vorher oft geweint, wenn etwas anders kam als erwartet, etwa wenn es plötzlich allein in seinem Bett einschlafen sollte statt wie gewohnt in Ihren Armen. Es konnte aber noch nicht gezielt ausprobieren, wie es vielleicht doch noch seinen Willen bekommen könnte. Jetzt aber handelt es zielgerichtet und setzt seine Möglichkeiten ein, um sein Ziel zu erreichen.

Leider hat Ihr Kind im Alter von eineinhalb bis drei Jahren noch nicht so viele Möglichkeiten, sich mitzuteilen. Es kann noch nicht so gut sprechen. Es kann die Welt nur aus dem eigenen Blickwinkel sehen: »Alles muss sich um mich drehen!« Und wenn das einmal nicht der Fall ist? Eine Katastrophe! Ihr Kind versteht die Welt nicht mehr und muss sich furchtbar aufregen. Sein Wutanfall ist vergleichbar mit einem besonders heftigen Gewitter mit Donner, Blitz und kräftigen Regenfällen (siehe »Trotz-Kisten« ab Seite 23). Der Frust muss raus! Das muss so sein. Es ist ganz normal.

Eine Chance zum Lernen: Frust aushalten

Sie können es Ihrem Kind nicht ersparen, Frust und Enttäuschung zu erleben. Sie können aber dafür sorgen, dass es aus jedem Wutanfall etwas Hilfreiches lernt. Denn die Heftigkeit und Häufigkeit der »Gewitter« hat nicht nur damit zu tun, welches Temperament Ihrem Kind in die Wiege gelegt wurde. Es ist ebenfalls von Bedeutung, wie Sie als Eltern auf den Wutanfall reagieren!

Marlenes Vater (siehe Seite 38) hatte sich für »vorbeugendes Anpassen« entschieden. Er las seiner Tochter die Wünsche von den Augen ab, damit sie bloß keinen Wutanfall bekam. Marlenes Mutter ging durchaus auch auf die Wünsche ihrer Tochter ein. Aber wenn es ihr sinnvoll und notwendig erschien, entschied sie gegen Marlenes Willen, auch wenn ihr die Wutanfälle ihres Kindes ebenfalls nicht angenehm waren. Marlene konnte jedoch nur sehr langsam Lernfortschritte machen, weil das Verhalten ihres Vaters sie immer wieder darin bestärkte, ihre Rituale beizubehalten.

Finns Eltern (siehe Seite 39) gaben fast immer nach, um seine unvorhersehbaren Wutanfälle möglichst schnell zu beenden. Beide waren sehr verunsichert und konnten das heftige und häufige Schreien nicht aushalten. Also machten sie meist das, was Finn wollte. So konnte er nicht lernen, mit Frust und Enttäuschung klarzukommen. Stattdessen lernte er: »Ich bekomme immer, was ich will – ich muss nur schreien.« Daraus entstand ein Teufelskreis: Finns Wutanfälle wurden nicht seltener, sondern häufiger.

Seien Sie Ihrem Kind ein Vorbild

Wenn Ihr Kind etwas Gefährliches, Unsinniges oder Unangemessenes will (siehe Seite 21) oder wenn es etwas nicht will, das aber sein muss (siehe Seite 22), sollten Sie seinem Willen nicht nachgeben. Das wird ihm nicht gefallen, aber es muss da durch. Es muss diesen Frust aushalten. Für uns Erwachsene gilt dasselbe. Auch wir müssen da durch. Für uns ist es auch nicht angenehm, wenn unser kleiner Trotzkopf einen Wutanfall bekommt. Aber wir sind die Vorbilder für unser Kind. Wir können ihm zeigen, dass wir mit einer solchen unangenehmen Situation umgehen können, ohne zu »kneifen« – und ohne selbst wütend zu werden.

FÜR SPÄTER LERNEN

Im Trotzkopfalter wird der Grundstein dafür gelegt, dass Ihr Sohn oder Ihre Tochter später angemessen mit Frust und Fehlschlägen umgehen kann – eine sehr wichtige Fähigkeit!

Wutanfälle aushalten ...

... das ist leichter gesagt als getan. Der beste Schutz ist: Nehmen Sie sie nicht persönlich! Stellen Sie sich nicht mit ins »Gewitter« (siehe ab Seite 26). Lassen Sie sich nicht in den Frust Ihres Kindes verwickeln. Denken Sie immer daran, dass seine Wut nicht gegen Sie gerichtet ist. Ihr Kind muss erst noch lernen, Misserfolge und Frust auszuhalten. Dass Sie in diesem Lernprozess die Wut abkriegen, ist eher Zufall: Sie sind nun mal gerade in der Nähe.

Es macht einen großen Unterschied, was Sie im Moment eines »Gewitters« denken und wie Sie sich fühlen. Es hat direkte Auswirkungen auf das, was Sie tun – und was Sie Ihrem Kind durch Ihr Verhalten vermitteln. Überprüfen Sie immer wieder Ihre Bewertungen der Situation. Hilfreiche Bewertungen führen zu richtigen Reaktionen, aus denen Ihr Kind etwas Gutes für seine Entwicklung lernen kann.

Nehmen Sie's nicht persönlich und bleiben Sie gelassen

Vieles wird leichter, wenn Sie Wut und Trotz Ihres Kindes nicht persönlich nehmen. Sie können lächelnd oder zumindest gelassen in

AUF DIE BEWERTUNG KOMMT ES AN

Ungünstige Bewertung

> **Unsicherheit:** Mit meinem Kind stimmt etwas nicht!
> **Selbstzweifel:** Mit mir stimmt etwas nicht. Wenn mein Kind so schreit, muss ich eine schlechte Mutter/ein schlechter Vater sein.
> **Nachgeben:** Ich kann meinem Kind diesen Frust einfach nicht mehr zumuten. Es leidet doch zu sehr.
> **Impulsiv reagieren:** Ich kann diese Wutanfälle einfach nicht aushalten, ich könnte aus der Haut fahren!

Hilfreiche Bewertung

> **Sicherheit:** Mein Kind ist völlig normal. Wutanfälle gehören in seinem Alter dazu.
> **Selbstvertrauen:** Dass mein Kind so wütend ist, hat nichts mit mir als Mutter/Vater zu tun. Es schreit, weil der Frust raus muss.
> **Fest bleiben:** Mein Kind muss da durch. Es muss lernen, dass nicht immer alles so läuft, wie es will.
> **Ruhig und gelassen reagieren:** Ich kann die Wutanfälle aushalten. Ich bleibe ruhig. Das macht mich zu einem guten Vorbild.

seiner Nähe bleiben. Sie können in freundlichem und ruhigem Ton mit ihm sprechen, statt Ihrerseits wütend und gereizt zu reagieren. Sie können Ihrem Kind zeigen, dass Sie es mitsamt seinen Wutanfällen annehmen, dass Sie Verständnis für seinen »Weltschmerz« haben, etwa mit folgenden Worten: »Mein armer kleiner Schatz. Jetzt musst du dich so sehr aufregen. Du hast es aber auch schwer.« Auf diese Weise können Sie fest bleiben und geraten nicht in Versuchung, die Wutanfälle durch »genervtes Nachgeben« zu belohnen.

> **Mirjam** (2 Jahre) war mit ihrer Mutter mit dem Fahrrad unterwegs. An der Eisdiele wollte Mirjam ein Eis, konnte aber die Sorte nicht benennen. Sie bekam ein Hörnchen mit einer Kugel Vanilleeis. Mirjam heulte und schüttelte den Kopf. Sie bekam zusätzlich eine Kugel Erdbeer. Mirjam heulte lauter und schüttelte noch heftiger den Kopf. Sie bekam oben drauf noch eine Kugel Schokolade. Wieder falsch! Mirjam schrie immer lauter. Voller Wut wurde sie von ihrer Mutter in den Kindersitz gepackt, das riesige Eis in der Hand. Die Mutter wollte gerade losfahren, da hob Mirjam Mamas T-Shirt hoch und klatschte ihr das Eis auf den Rücken. Die Mutter war empört. Das »kleine Biest« musste doch mit voller Absicht gehandelt haben!

Nein, Mirjam hatte nicht mit Absicht gehandelt. Auch wenn diese Art Trotzreaktion für ihr Alter ziemlich kreativ war, konnte Mirjam nicht wissen, wie ihre Mutter sich dabei fühlen würde. Sie wollte nur ihre Wut über das »falsche Eis« ausdrücken – aber dass Mama sich dabei nicht gut fühlte, konnte die Kleine noch gar nicht verstehen. Das zu wissen hätte Mirjams Mutter souverän gemacht: Eine »falsche« Eiskugel hätte ausgereicht, die anschließende Wut hätte sie weder überrascht noch verletzt und beide hätten den schönen Sommertag weiter gemeinsam genießen können.

TIPP: Gut informiert
Unsicherheit und Selbstzweifel haben zur Folge, dass Eltern nachgeben oder impulsiv reagieren. Je besser Sie informiert sind, desto leichter ist es, fest zu bleiben und bei einem Wutanfall ruhig und gelassen zu reagieren.

Die Auszeit für Kinder bis drei Jahre

Wenn Ihr Kind auf freundliches Reden oder Hilfsangebote nicht reagiert und hartnäckig weiter trotzt, wird Ihre Geduld auf eine harte Probe gestellt. Sie spüren allmählich eine innere Unruhe aufkommen. Der Adrenalinspiegel steigt. Die Situation droht zu kippen. In diesem Fall ist es sinnvoll, eine Auszeit anzuwenden.

Der Begriff »Auszeit« stammt aus dem Sport. Dort handelt es sich um eine kurze taktische Spielunterbrechung. In der Erziehung bedeutet die Auszeit eine kurze Unterbrechung des Kontakts zwischen Eltern und Kind durch eine räumliche Trennung: Die Eltern gehen in eine andere Ecke des Raumes oder verlassen das Zimmer, in dem das Kind gerade seinen Wutanfall auslebt. Die Distanz hilft Ihnen selbst, die Ruhe zu bewahren und in der Beobachterposition zu bleiben, statt sich mit in den Konflikt Ihres Kindes hineinziehen zu lassen (siehe auch Seite 27). Die Wut bleibt bei Ihrem Kind, sie springt nicht auf Sie über. Der Wutanfall ist dazu da, den Frust herauszulassen. Das ist in Ordnung. Aber mehr kann Ihr Kind damit nicht erreichen. Sein Wutanfall wird nicht durch besondere Aufmerksamkeit von Ihrer Seite »belohnt«.

GU-ERFOLGSTIPP: SO WENDEN SIE DIE AUSZEIT RICHTIG AN

Wenn Ihr Kind unter zwei Jahre alt ist oder jedes Mal Angst bekommt, wenn Sie aus dem Zimmer gehen, sollten Sie immer in Sichtkontakt bleiben.

1. Möglichkeit: Sie gehen in eine andere Ecke des Raumes, ohne Ihr Kind während seines Wutanfalls weiter zu beachten.

2. Möglichkeit: Sie verlassen den Raum – wortlos oder mit dem Kommentar »Das ist mir hier zu laut. Wenn du dich beruhigt hast, komme ich wieder«. Die Zimmertür bleibt geöffnet, sodass Ihr Kind jederzeit nachkommen kann.

Wenn Ihr Kind längere Zeit schreit, gehen Sie etwa alle zwei Minuten zu ihm und fragen: »Kann ich dir helfen? Ist alles in Ordnung?« Schreit Ihr Kind unbeeindruckt weiter, gehen Sie wieder. Streckt es Ihnen schluchzend die Ärmchen entgegen, bleiben Sie bei ihm und trösten es.

Wenn Ihr Kind schreiend hinter Ihnen herläuft oder sich an Sie klammert, verwenden Sie möglichst ein Türgitter, um für den Abstand zu sorgen. Als Ausnahme kommt auch der Laufstall oder das Gitterbettchen in Frage. Gehen Sie dann aber immer wieder in kurzen Abständen zu Ihrem Kind und machen ihm klar, dass die Auszeit sofort beendet ist, wenn es aufhört zu schreien: »Wenn du nicht mehr weinst, kannst du wieder zu mir kommen.«

Wenn Ihr Kind sich beruhigt hat, ist ein kurzes Versöhnungsritual hilfreich: Nehmen Sie es in den Arm und sagen Sie etwas Aufmunterndes: »Jetzt ist alles wieder gut. Da bin ich aber froh.«

Besonders drastische Trotzanfälle: So helfen Sie Ihrem Kind

Trotz macht sich bei einigen Kindern auf eine ganz besonders dramatische Weise bemerkbar: Es bleibt nicht dabei, dass sie sich schreiend auf den Boden werfen und mit den Füßen trampeln. Einige schlagen zusätzlich heftig mit dem Kopf auf den Boden oder schreien, bis sie blau im Gesicht werden.

Kopfschlagen

Manche Kinder schlagen bei einem Trotzanfall so heftig mit dem Kopf auf den Boden, dass den Eltern angst und bange wird.

> Jonas (18 Monate) kam mit seiner Mutter in meine Sprechstunde, weil auch er bei Wutanfällen oft mit dem Kopf auf den Boden schlug. Da ich bereits lautes Geschrei von draußen gehört hatte, trat ich vor die Tür, um zu sehen, ob ich irgendwie helfen könnte. In diesem Moment warf sich der Kleine auf den Boden und schlug mit seinem Kopf so heftig auf den Asphalt, dass es krachte. Seine Mutter hantierte noch mit dem Autoschlüssel und ihrer Tragetasche und konnte gar nicht so schnell reagieren. Nach kurzer Zeit hatte Jonas sich aber wieder beruhigt und beschäftigte sich in meiner Praxis konzentriert mit den angebotenen Spielsachen.

Kopfschlagen ist eine gar nicht so seltene Begleiterscheinung von heftigen Trotzreaktionen, ebenso wie Trampeln oder Umsichschlagen. Normalerweise rate ich den Eltern, damit ähnlich umzugehen wie mit jedem anderen Trotzanfall auch: freundlich und sachlich bleiben und im Rahmen einer Auszeit für Abstand sorgen, je nach Alter des Kindes mit oder ohne Sichtkontakt.

Fast nur vor »Publikum«

Kopfschlagen kommt fast ausschließlich in Gegenwart von »Zuschauern« vor. Wenn die Eltern sich konsequent sofort von ihrem Kind entfernen, hört es in der Regel schnell auf.

Die kleinen Trotzköpfe können sich dabei zwar Schrammen und blaue Flecken oder kleinere Beulen zuziehen, aber ernsthafte Verletzungen gibt es nicht.

TIPP: Ruhe und Gelassenheit

Auch beim dramatisch wirkenden Kopfschlagen können Sie durch Ihr Verhalten Ihr Kind dabei unterstützen, aus seinen heftigen Reaktionen zu lernen.

> **Jonas' Mutter** war mit meinem Ratschlag nicht gänzlich zu beruhigen. Zu häufig musste sie das Aufschlagen seines Köpfchens auf dem Boden mit ansehen und anhören. Auch mir selbst klang das Krachen des kleinen Kopfes auf dem Asphalt noch in den Ohren. Deshalb fanden wir für Jonas eine eigene Lösung: Sobald er Anzeichen für einen Wutanfall zeigte, spätestens nach dem ersten Aufschlagen mit dem Kopf, sollte seine Mutter ihm einen passenden Fahrradhelm aufsetzen. Das tat sie. Der Erfolg stellte sich umgehend ein: Mit Fahrradhelm war das Kopfschlagen nicht mehr attraktiv für Jonas.

»Wegschreien«

Noch beängstigender als das Kopfschlagen sieht das sogenannte »Wegschreien« aus. Der Fachausdruck dafür lautet »respiratorischer Affektkrampf«. Besonders im zweiten und dritten Lebensjahr kommt es vor, fast immer hört es spätestens gegen Ende des fünften Lebensjahres auf. Etwa fünf Prozent der Kinder sollen betroffen sein, Jungen häufiger als Mädchen.

> **Jörns Mutter** schilderte das »Wegschreien« ihres zweieinhalbjährigen Sohnes so: »Jörn wird jedes Mal sehr wütend, wenn er nicht seinen Willen bekommt, auch bei winzigen Anlässen. Ungefähr zwei Minuten lang schreit er dann aus Leibeskräften. Plötzlich hört er auf zu atmen. Erst wird sein Gesicht rot, dann blau-violett, dann wird der Körper ganz schlaff und wirkt wie ohnmächtig. Nach ungefähr einer halben Minute fängt Jörn wieder an zu atmen und spielt weiter, als ob nichts gewesen wäre.« Auf meine Frage, wie oft sich Jörn denn schon auf diese Art und Weise »weggeschrien« habe, antwortete die Mutter: »Mindestens fünfhundert Mal.«

Nachdem ein solcher Wutanfall mit »Wegschreien« zum ersten Mal aufgetreten war, hatte Jörns Mutter mit dem Kleinen sofort ihre Kinderärztin aufgesucht, da sie sich verständlicherweise Sorgen um die Gesundheit ihres kleinen Sohnes machte. Von diesem Arztbesuch wusste sie bereits, dass das »Wegschreien« nicht gefährlich ist, so dramatisch ein solcher respiratorischer Affektkrampf auch aussieht.

DRAMATISCH, ABER NICHT GEFÄHRLICH
Auch wenn Ihr Kind sich in seiner Wut regelrecht »wegschreit« und tatsächlich kurz ohnmächtig wird, ist das bei einem gesunden Kind nicht gefährlich: Die Atmung setzt sofort automatisch wieder ein.

Wenn das Kind sich sehr aufregt und dabei laut schreit, nimmt seine Lunge zunächst sehr viel Sauerstoff auf. Plötzlich verschließt sich die Stimmritze krampfartig und die Atmung setzt aus. Gleichzeitig fällt der Blutdruck ab und der Herzschlag verlangsamt sich. Das Blut wird nicht mehr richtig mit Sauerstoff versorgt, dadurch verfärbt sich die Haut so furchterregend bläulich (»Cyanose«). Sobald das Kind ohnmächtig wird, fängt es aber automatisch wieder an zu atmen – und alles ist gut. Da die Atmung rechtzeitig wieder einsetzt, wird auch das Gehirn nicht beschädigt. Es besteht kein Grund zur Sorge.

VERSCHIEDENE AUSLÖSER

Nicht nur Wut oder Trotz, sondern auch plötzliches Erschrecken oder Schmerz können einen Affektkrampf auslösen.

Bleiben Sie gelassen

Wenn Ihr Kind gesund ist, gilt: Schenken Sie dem »Wegschreien« nicht allzu viel Aufmerksamkeit. Bleiben Sie in der Nähe, beobachten Sie Ihr Kind, und gehen Sie danach sachlich-freundlich wieder zur Tagesordnung über. »Vorbeugendes Anpassen« mit der Absicht, das Wegschreien zu verhindern, führt nicht zum Ziel. Ganz im Gegenteil: Je mehr Sie stets versuchen, Ihrem Kind seine Wünsche von den Augen abzulesen und sie prompt zu erfüllen, desto eher wird es frustriert sein, wenn Sie einmal nicht »richtig geraten« haben oder wenn es aus einem anderen Grund nicht bekommt, was es will. Außerdem lernt es auf diese Weise, dass es mit dem Wegschreien etwas Angenehmes erreichen kann. Die Wutanfälle werden dadurch häufiger statt weniger und das Risiko für die Affektkrämpfe wird größer.

WICHTIG: MEDIZINISCHE URSACHEN ABKLÄREN

Zur Sicherheit sollten Sie unbedingt mit Ihrem Kind zum Kinderarzt gehen, wenn es zum ersten Mal einen respiratorischen Affektkrampf (auch »Wutkrampf« genannt) durchlebt, wie er oben beschrieben wurde. Der Arzt kann Ihnen die Sicherheit geben, dass es sich dabei nicht um eine schwerwiegende Erkrankung wie Epilepsie oder eine Herz-Kreislauf-Erkrankung handelt, was allerdings nur selten der Fall ist.

»Was du sagst, mach ich nicht!« Trotz ab 3 Jahre

In den Jahren zwischen seinem dritten und seinem sechsten Geburtstag bewältigt Ihr Kind zwei sehr wichtige Meilensteine: Seine sprachlichen Fähigkeiten nehmen rasant zu (siehe Seite 9), und es lernt nach und nach, sich in andere Menschen hineinzuversetzen (siehe Seite 13). Das Trotzalter ist damit jedoch keineswegs zu Ende. Ihr Kind hat nun aber vielfältigere Möglichkeiten, seinen Trotz zu äußern. Es wird zum »Widerstandskämpfer« und tut gern das Gegenteil von dem, was Sie von ihm wünschen.

Kleine Kinder, große Kämpfer

Ihr Kind kann jetzt mit Ihnen diskutieren. Es kann ausrufen: »Nein! Was du sagst, mach ich noch lange nicht!« Es kann Sie nun bewusst ärgern oder sogar beleidigen. Es kann sich stur stellen und alles verweigern, was Sie von ihm fordern.

Welche Möglichkeiten haben Sie als Eltern, mit Ihrem kleinen Widerstandskämpfer umzugehen? Schnell passiert es, dass Sie mit im »Gewitter« landen (siehe Seite 26) und auf diese Weise dazu beitragen, dass die Situation eskaliert. Die folgenden »typischen« Erlebnisse von Eltern mit ihren Kindern ab drei Jahren, die mir in meiner Praxis geschildert wurden, zeigen, wie es oft läuft, wenn es schiefläuft. Wie es besser gehen kann, lesen Sie ab Seite 52.

> **Paula** (3½ Jahre) war richtig sauer. Weil sie irgendetwas nicht durfte, hatte sie aus Wut in die Hose gemacht und verlangte nun in einem fordernden, unangemessenen Tonfall, dass ihre Mutter sie sofort in ihr Zimmer tragen und umziehen solle. Paulas Mutter blieb ruhig und sagte sachlich: »Rede bitte freundlich mit mir.« Aber Paula fing an zu quengeln und zu schreien. Ihre Mama blieb immer noch ruhig. Mehrmals wiederholte sie: »Ich möchte, dass du freundlich mit mir redest. Mit diesem Tonfall bin ich nicht einverstanden.« Paula schrie weiter. Nun erhob auch Paulas Mutter genervt ihre Stimme: »Warum schreist du so? Hast du immer noch nicht begriffen: Solange du so herumknatschst, mache ich gar nichts für dich. Wenn du willst, dass ich dir helfe, musst du dich erst einmal anständig benehmen.« Paulas Reaktion darauf fiel sehr laut und wütend aus: »Nie hilfst du mir! Du bist eine blöde Mama! Du bist so gemein!« Das war zu viel für Paulas Mama. Nun schrie auch sie: »Wenn du jetzt nicht endlich damit aufhörst, wirst du schon sehen, was du davon hast! Dann bringe ich dich in dein Zimmer und mache die Tür zu!« Auch das half überhaupt nicht. Schließlich packte Paulas Mutter ihre Tochter und zerrte sie wie angekündigt ins Kinderzimmer. Paula brüllte dort noch eine Weile weiter. Dann beruhigte sie sich und zog sich selbst trockene Sachen an. Das Ganze hatte sich mehr als eine viertel Stunde hingezogen.

»ICH KANN AUCH ANDERS!«

Zusätzlich zu seinem neuen Widerspruchsgeist »beherrscht« Ihr Kind auch immer noch die klassischen Wutanfälle mit lang anhaltendem Schreien.

Was ist zwischen Paula und ihrer Mama passiert? Schauen wir uns noch einmal genauer an, wie die Situation eskaliert ist.

Langes Reden, spätes Handeln		
Mutter		**Kind**
bittet	⟶	schreit
fordert	⟶	ignoriert
wiederholt	⟶	ignoriert
erinnert	⟶	ignoriert
diskutiert	⟶	beschimpft
schreit	⟶	schreit
droht	⟶	schreit
handelt	⟶	beruhigt sich
(bringt es ins Zimmer)		

TIPP: Zügig handeln
Lange Kämpfe und Diskussionen können ersatzlos gestrichen werden! Auch wenn Sie sich am Ende durchsetzen: Der Preis ist zu hoch, denn es kostet Nerven und Zeit – vor allem schöne Zeit miteinander.

Kommt Ihnen die Situation zwischen Paula und ihrer Mama bekannt vor? Vielleicht geht es Ihnen ja ähnlich wie Paulas Mutter. Sie erlebt solche Auseinandersetzungen mehrmals täglich. Am Ende hat sie jedes Mal ein ungutes Gefühl. Sie ist sehr erschöpft und macht sich Vorwürfe, weil sich alles wieder so aufgeschaukelt hat. Paula ist auch erschöpft. In der ganzen Zeit, bevor etwas Wirkungsvolles passiert, bekommt sie viel Aufmerksamkeit für ihr unangebrachtes Verhalten. Zuletzt setzt sich ihre Mutter zwar durch, aber es gibt keine Gewinner.

Es ist ein Irrtum zu glauben: »Wenn kurzes Reden nicht hilft, muss ich eben länger reden.« Denn Kinder im Trotzalter denken: »Liebe Eltern, ich habe gehört, was ihr sagt. Aber ich will mal wissen, was ihr tut, wenn ich es einfach nicht mache. Das ist total spannend.« Lange Appelle, Erklärungen und Diskussionen führen selten zum gewünschten Ergebnis, sondern sie ermutigen eher zum Testen: »Und wenn ich es trotzdem nicht mache? Was dann wohl passiert?« Willensstarke Kinder wie Paula hätten bei »Jugend forscht« einen Preis verdient, weil sie hartnäckig immer wieder erproben, wie weit sie gehen können und was sie alles erreichen können.

Nachgeben kann »teuer« werden ...

Manchmal hat Paulas Mama in Situationen wie der auf Seite 49 beschriebenen einfach nicht mehr genug Kraft, um am Ende konsequent zu handeln. Dann gibt sie nach mehr oder weniger langem Kampf genervt nach. So bekommt Paula nach langem Schreien, Ignorieren, Diskutieren und Beschimpfen doch noch ihren Willen: Mama trägt sie in ihr Zimmer und zieht sie um, als ob sie ein Baby wäre – so wie Paula es von Anfang an verlangt hat.

Willensstarke Kinder wie Paula erleben oft, dass ihre Eltern genervt nachgeben. Das hat Folgen. Es ermutigt dazu, immer weiter zu testen. Wenn die Eltern zwar viel reden, aber selten oder gar nicht handeln, lernt ihr Kind daraus, dass sich respektloses Reden, Schimpfen und Wutanfälle auszahlen. Dass es so erreichen kann, was es sich in den Kopf gesetzt hat. Dass es über andere bestimmen kann und bekommt, was es will – alles Erkenntnisse, die für die Entwicklung eines Kindes zwischen drei und sechs Jahren nicht gut sind. Denn es ist nicht das, was es wirklich braucht.

TIPP: Standhaft bleiben

Wenn Sie standhaft bleiben, lernt Ihr Kind wichtige Regeln. Wenn nicht, lernt es: »Wie weit kann ich gehen? So weit ich will. Was passiert, wenn ich mich nicht an Regeln halte? Nichts. Wer gewinnt? Ich.«

... Unterdrücken auch

In Paulas Familie wird manchmal noch eine weitere »Methode« angewandt, wenn Paula trotzig ist, und zwar von ihrem Vater.

> **Paulas Vater** wirft seiner Frau vor, durch ihre »inkonsequente Erziehung« sei Paula so widerspenstig. Aber auch bei ihm macht Paula nicht, was sie soll. Sofort schimpft er dann: »Was soll das? Kannst du nicht hören?« Es hilft nicht. Paula ignoriert ihn. Papa wird nun richtig laut: »Jetzt reicht's! Geh sofort in dein Zimmer!« Paula denkt nicht daran und schreit. Ihr Vater explodiert: packt seine Tochter, haut ihr ein paar Mal auf den Po, schubst sie in ihr Zimmer und knallt die Tür zu: »Wehe, du kommst heraus!« Paula weint, irgendwann beruhigt sie sich.

Hier ist das »Gewitter« kurz, aber heftig. Paula fühlt sich dabei klein und hilflos. Dass ihr Vater sie anschreit und schlägt, macht ihr manchmal Angst, manchmal wird sie noch wütender und will es ihm heimzahlen. Sie bekommt in solchen Situationen zwar nicht ihren Willen. Aber sie bekommt auch nicht, was sie braucht: Sie wird nicht fair behandelt, sondern willkürlich bestraft.

TIPP: Fair sein

Damit Ihr Kind Sie und andere mit Respekt behandelt, müssen Sie es ihm vorleben. Auf Macht, Willkür und körperliche Gewalt würde es mit Angst und Wut reagieren.

**TIPP: Den Frage-
bogen nutzen**
Der Fragebogen ab Seite 28
hilft Ihnen einzuschätzen,
wo Ihr Kind in Sachen
Kampfeslust beziehungs-
weise Friedfertigkeit steht.

Was Trotzköpfen ab 3 wirklich hilft

Lange kämpfen, genervt nachgeben, Macht und Strenge einsetzen – all das schadet der Entwicklung Ihres Kindes und nicht zuletzt dem Familienfrieden viel mehr, als es nützt, und ist daher
nicht empfehlenswert. Was bleibt Ihnen also übrig?
Je friedfertiger Ihr Kind ist, desto häufiger wird es selbst eine gute
Lösung finden. Je kampfbereiter es ist, desto häufiger müssen Sie
am Ende konsequent handeln.

Kurz reden, schnell handeln

Bei Kindern im Trotzalter ist eine Kombination von kurzem Reden und effektivem Handeln sinnvoll. Bei Paula (siehe Seite 51)
könnte das so aussehen: Es beginnt wie gehabt. Paula fordert etwas
in respektlosem, unangemessenem Ton. Daraufhin redet ihre
Mutter Klartext: »Paula, sprich freundlich mit mir.«
Wenn Paula weiter schimpft und fordert, kann ihre Mama den
Satz noch einmal, höchstens zweimal wiederholen. Wenn es nicht
hilft, stellt sie ihre Tochter vor die Wahl: »Paula, du kannst aussuchen: Rede freundlich mit mir – dann helfe ich dir. Oder du
schimpfst weiter – dann musst du in dein Zimmer gehen und alles
allein machen.« Anschließend fragt sie Paula nach ihrer Entschei-
dung: »Möchtest du, dass das passiert?«
Oft antwortet Paula: »Nein, ich will nicht in mein Zimmer!« Dann
fragt ihre Mutter: »Was musst du dann jetzt tun?« Manchmal
kriegt Paula in diesem Moment noch die Kurve. Sie schafft es, mit
dem Quengeln und Fordern aufzuhören, und redet normal. Wenn
ihr das gelingt, bekommt sie nicht nur Hilfe, sondern zusätzlich
noch etwas anderes: Ihre Mama freut sich, dass Paula selbst eine
gute Lösung gefunden hat, und sie zeigt es ihr auch. Das ist ein
gutes Gefühl für Paula.
Aber wenn sie stur bleibt? Dann handelt Mama sofort. Sie tut genau das, was sie angekündigt hat, und bringt Paula in ihr Zimmer,
notfalls indem sie sie sanft, aber bestimmt an den Schultern hin-
einschiebt. Sie sorgt dafür, dass Paula so lange dort bleibt, bis sie
sich beruhigt hat. Sobald sie zwei Minuten lang ruhig war, kann
sie herauskommen. Umziehen muss sie sich in jedem Fall allein.

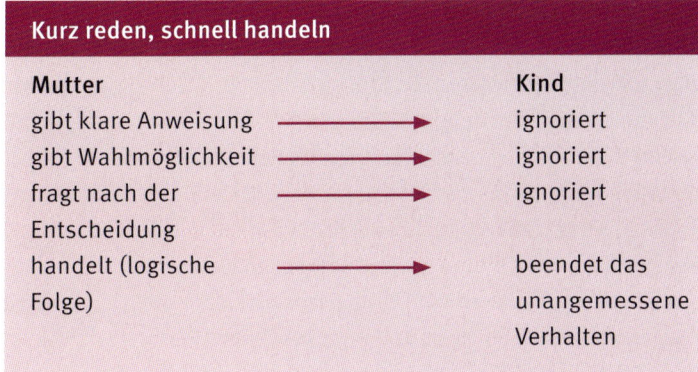

Kurz reden, schnell handeln

Mutter		Kind
gibt klare Anweisung	⟶	ignoriert
gibt Wahlmöglichkeit	⟶	ignoriert
fragt nach der Entscheidung	⟶	ignoriert
handelt (logische Folge)	⟶	beendet das unangemessene Verhalten

Verglichen mit dem auf Seite 50 dargestellten Ablauf handelt Paulas Mama diesmal viel früher. Der ganze Kampf mit Diskutieren, Schreien und Drohen fällt weg. Am Ende gibt es keine »gemeine Mama«, keine Schuldgefühle, keine Erschöpfung – der Tag kann normal weitergehen. Paula hat die Wahl. Auf diese Weise lernt sie, Verantwortung für sich selbst zu übernehmen. Wenn sie Mamas Hilfe will, muss sie aufhören zu quengeln und zu fordern.

Wenn sie das nicht schafft, wird sie in ihr Zimmer gebracht. Es kann sogar sein, dass sie sich dort nicht so bald beruhigt. Aber auch dann gilt: Mama hat sie fair behandelt, ist ruhig geblieben. Paula hat sich entschieden, weiter respektlos zu reden, und muss nun die logische Konsequenz tragen. Nur daraus kann sie lernen.

Immer längere Friedenszeiten

Paulas Mutter hat einen Weg gefunden, sich nicht mit ins »Gewitter« zu stellen (siehe Seite 27). Paula selbst trägt die Folgen für ihr Verhalten. Paulas Mutter hat damit sehr gute Erfahrungen gemacht. Natürlich will ihre Tochter nach wie vor am liebsten alles selbst bestimmen. Sie fängt immer noch oft an zu schimpfen, zu quengeln oder zu schreien, wenn ihr etwas nicht passt. Aber es gibt keine langen, aufreibenden Kämpfe mehr – und immer öfter entscheidet sich Paula für die Zusammenarbeit.

Wenn Ihr Kind sich selbst für eine gute Lösung entscheidet, gibt es zwei Gewinner: Sie und Ihr Kind.

TIPP: Wahlmöglichkeiten anbieten
Wenn Sie Ihrem Kind Wahlmöglichkeiten geben, lernt es, Verantwortung für sein Handeln zu übernehmen: Wenn es friedlich und bereit zur Zusammenarbeit ist, hat es Vorteile. Wenn es lieber weiterkämpft, muss es mit den Konsequenzen leben.

Sinnvolle Regeln festlegen

Vielleicht denken Sie jetzt: Mein Kind ist doch ganz anders! Es gibt noch so viele andere Konfliktsituationen, wie soll mir da immer die richtige Konsequenz einfallen?

Es gibt eine Voraussetzung für jede Art von Konsequenz: Ihr Kind muss wissen, was es darf und was es nicht darf. Ohne Regeln ist konsequentes Handeln nicht möglich. Ohne Regeln kann Ihr Kind aus Ihren Konsequenzen nichts Hilfreiches lernen.

Die Regeln, die in Ihrer Familie gelten, fallen aber nicht vom Himmel. Sie als Eltern müssen sich entscheiden, was Ihnen wichtig ist und welche Regeln Sie auswählen wollen. Das ist Ihre Verantwortung, die Ihnen niemand abnehmen kann. Es lohnt sich, darüber nachzudenken und mit allen an der Erziehung Beteiligten immer wieder darüber zu reden. Als Richtschnur können Ihnen dabei die folgenden drei Fragen dienen:

> Was braucht mein Kind?
> Was hilft ihm, später sein Leben zu meistern?
> Worauf sollte es Rücksicht zu nehmen lernen?

Aus Ihren Antworten auf diese Fragen ergeben sich Ihre Familien-Spielregeln für den Umgang miteinander und mit anderen Menschen sowie für das Einhalten der täglichen Routine und für die Erfüllung von Pflichten und Aufgaben.

Ihre Regeln werden Ihrem Kind sicher nicht immer gefallen – sie gehören ganz eindeutig zur »Ich-muss-Kiste« (siehe Seite 24). Rechnen Sie damit, dass Ihr Kind immer wieder mit Trotz und Widerstand reagieren wird, wenn Sie eine Regel durchsetzen wollen. Das ist sein gutes Recht. Aber wenn es die von Ihnen vorgegebenen Regeln kennt und immer wieder die Erfahrung machen kann, dass sie auch wirklich gelten, dann kann es daraus lernen. Außerdem geben Regeln, die von allen Familienmitgliedern verlässlich eingehalten werden, Ihrem Kind Halt und Sicherheit.

TIPP: Sinnvolle Regeln für Kinder von 3 bis 6 Jahren

> Wir reden freundlich miteinander.
> Anderen wehtun ist nicht erlaubt.
> Es gibt feste Schlafzeiten und ein vorsehbares Abendritual.
> Die Bildschirmzeit (Fernsehen & Computer) ist begrenzt auf täglich ½ Stunde.
> Die Mahlzeiten finden am Tisch statt.
> Wir sind jeden Tag morgens pünktlich im Kindergarten.
> Die Spielsachen werden regelmäßig abends wieder aufgeräumt.

Logische Folgen und hilfreiche Auszeit

Wenn Ihr Kind eine Regel missachtet, verhält es sich unangemessen und schadet damit sich selbst oder anderen. Manchmal spielen auch Gegenstände eine Rolle, die kaputt gehen könnten oder jemand anderem gehören. Auch eine Grenzüberschreitung bei einer Aktivität kommt in Frage: zu viel Fernsehen, zu viele Süßigkeiten, zu lange draußen bleiben ... Was geschieht, wenn es sich nicht an eine Regel hält, sollte Ihnen und Ihrem Kind klar sein. Ihre Konsequenzen sollten dabei immer logisch, fair und durchdacht sein. Wie soll man das hinbekommen? Ganz einfach: durch Trennung. Trennen Sie Ihr Kind von genau der Person, der Sache oder der Aktivität, bei der es sich unangemessen verhält.

Beispiele für logische Konsequenzen	
Verhalten des Kindes	**Konsequenz: Trennung ...**
> Dani verlässt mit ihrem Fahrrad die Spielstraße.	> ... vom Fahrrad: Sie darf drei Tage nicht allein mit dem Fahrrad fahren.
> Samuel weigert sich aufzuräumen.	> ... von den Spielsachen: Die herumliegenden Sachen werden für zwei Wochen aus dem Verkehr gezogen.
> Felix schreit seinen Vater respektlos an.	> ... von der Person (Vater): Felix muss für einige Minuten allein in ein anderes Zimmer (Auszeit, siehe Seite 56).
> Teresa ärgert andere Kinder auf dem Spielplatz.	> ... von Personen (andere Kinder): Sie muss einige Minuten lang neben Mutter oder Vater auf der Bank sitzen.
> Till läuft weg.	> ... von der angenehmen Aktivität (Möglichkeit, frei zu laufen). Er muss einige Minuten lang an der Hand bleiben.
> Pia trödelt vor dem Zubettgehen.	> ... von der angenehmen Aktivität (vorgelesen bekommen): Die Gutenachtgeschichte fällt entsprechend kürzer aus.
> Benni sitzt ohne Erlaubnis vorm Fernseher.	> ... von der angenehmen Aktivität (Fernsehen): Er darf an dem Tag nicht mehr fernsehen.

Die Auszeit für Kinder ab drei Jahre

Die konsequenteste Art der Trennung (siehe Seite 55) ist eine Auszeit. Bei Kindern bis zu drei Jahren reicht es, den Raum zu verlassen oder in eine andere Ecke des Zimmers zu gehen. Wenn Ihr Kind bereits zwischen drei und sechs Jahre alt ist, kann es notwendig werden, dass Sie es für kurze Zeit in einen anderen Raum bringen. Die Auszeit können Sie immer dann einsetzen, wenn Ihr Kind sich Ihnen oder anderen gegenüber unangemessen verhält – etwa durch respektloses Reden, Beschimpfen, Schlagen oder Treten, grundloses Schreien. Die Auszeit unterbricht das unangemessene Verhalten sofort. Ihr Kind hat es selbst in der Hand, wie lang sie dauert: Sobald es sich wieder an die Regeln hält, ist sie zu Ende.

Auch unterwegs können Sie die Auszeit anwenden. Erinnern Sie Ihr Kind an die Regeln und sagen Sie ihm, dass es eine Auszeit im Auto geben wird, wenn es sich nicht daran hält oder einen Wutanfall bekommt. Beim Einkaufen oder im Restaurant sagen Sie kurz Bescheid und gehen mit Ihrem Kind sofort zum Auto. Stoppen Sie die Zeit: Lesen Sie fünf Minuten lang Zeitung und reden dabei nicht mit Ihrem Kind. Auch ein ruhiger Ort (Kundentoilette, eine Ecke draußen vor der Tür) kommt in Frage. Hat Ihr Kind sich beruhigt, ist die Auszeit beendet, andernfalls wird sie verlängert.

GU-ERFOLGSTIPP: SO WENDEN SIE DIE AUSZEIT RICHTIG AN

1. Sie legen fest, bei welchem Verhalten eine Auszeit folgt, und sagen das Ihrem Kind. Sie bestimmen einen Auszeit-Raum.

2. Sie bringen Ihr Kind dorthin und sorgen dafür, notfalls durch Schließen (nicht Abschließen!) oder Zuhalten der Tür, dass es den Raum nicht verlässt. Eine Minute Dauer pro Lebensjahr reicht!

3. Wenn Ihr Kind nach Ablauf der Zeit noch schreit oder sich auf andere Art unangemessen verhält, verlängern Sie die Auszeit um ein bis zwei Minuten.

4. Sie machen Ihrem Kind alle ein bis zwei Minuten ein Friedensangebot. Öffnen Sie die Tür und fragen »Ist es wieder gut, oder muss ich die Tür noch mal zumachen?«.

5. Sie beenden die Auszeit, wenn Ihr Kind sich selbst beruhigt hat und die zuletzt festgelegte Zeit abgelaufen ist.

6. Wenn nötig, wiederholen Sie die Auszeit.

Logische Folgen wirksam einsetzen

Ob Sie nun eine Auszeit wählen oder eine andere logische Konsequenz – Sie sollten dabei immer ein paar Hinweise beachten, die wesentlich zum Lernerfolg beitragen.

> **Lassen Sie die Konsequenz direkt folgen.** Nur so erkennt Ihr Kind den Zusammenhang zu dem unangemessenen Verhalten.

> **Legen Sie eine angemessene Zeitbegrenzung fest.** Das macht eine Konsequenz fair und vorhersehbar. Ohne Begrenzung kann sie sich leicht in eine willkürliche Strafe verwandeln. Ein weiterer Vorteil: Ihr Kind bekommt eine zweite Chance und kann so direkt aus den Folgen lernen.

> **Kündigen Sie nur an, was Sie dann auch wirklich tun.** Einigen Sie sich unbedingt mit Ihrem Partner: Was der eine tut, sollte auch der andere umsetzen.

> **Wenden Sie die Konsequenz zuverlässig an**: immer beim entsprechenden Verhalten, wenn nötig mehrmals am Tag.

> **Nehmen Sie Ihr Kind mit offenen Armen auf:** Wenn es die Konsequenz akzeptiert und sich selbst beruhigt hat, ist sein Verhalten vergeben und vergessen. Zeigen Sie ihm, dass Sie ihm zutrauen, beim nächsten Mal eine bessere Wahl zu treffen.

TIPP: Geduldig bleiben
Ein willensstarkes, kampfbereites Kind braucht viele Chancen, bevor es sich für Zusammenarbeit statt für Opposition entscheidet!

So bringen Sie Ihr Kind zum Mitdenken

Wenn Ihr Kind Ihre Regeln genau kennt, hilft diese Technik besonders gut. Immer wenn es eine Regel verletzt, stellen Sie ihm nacheinander vier Fragen. Auch wenn es nicht antwortet, muss es mitdenken. Das hilft ihm, selbst eine Lösung zu finden.

1 »**Wie heißt die Regel?**« – Wenn Ihr Kind nicht antwortet, geben Sie die Antwort selbst.

2 »**Was wird gleich passieren?**« – Wenn Ihr Kind nicht antwortet, geben Sie die Antwort selbst.

3 »**Möchtest du, dass das passiert?**« – Wenn Ihr Kind »Ja« sagt oder nicht antwortet, lassen Sie die Konsequenz folgen. Wenn Ihr Kind »Nein« antwortet, fragen Sie weiter.

4 »**Was kannst du jetzt anders machen?**« – Wenn Ihr Kind nicht antwortet, lassen Sie die Konsequenz folgen. Wenn es selbst die Lösung findet und sich entsprechend verhält, loben Sie es.

WIRKUNGSVOLL
Die »Anleitung zum Mitdenken« ist ein wirksame Methode, Ihrem Kind das Prinzip von logischen Folgen bewusst zu machen und lange Diskussionen zu vermeiden.

Erwünschtes Verhalten belohnen

Konsequenz ist unerlässlich, aber immer nur die eine Seite der Medaille. Gleichzeitig sollten Sie Ihr Kind in allem, was es richtig macht, unterstützen – mit Aufmerksamkeit und Ermutigung, und manchmal auch mit Belohnungen. Als Belohnungspunkte eignen sich Aufkleber oder aufgemalte Sterne, Sonnen, Smileys ... Sie kommen in einen Wochenplan, der gut sichtbar aufgehängt wird. Mehrere Punkte können dann in eine »richtige« Belohnung umgetauscht werden: ein kleines Spielzeug, Bastelmaterial oder Ähnliches. Auch Ihre Zeit als Belohnung kommt gut an: eine Extra-Gutenachtgeschichte, ein gemeinsames Spiel, eine Lieblingsmahlzeit. Süßigkeiten sind dagegen als Belohnungen nicht geeignet.

Belohnungsplan für Kinder zwischen 3 und 6

1 Überlegen Sie, welche Regel Ihr Kind unbedingt öfter einhalten sollte: Soll es abends sein Spielzeug wegräumen? Am Esstisch sitzen bleiben? Sich abends ohne Trödeln fürs Bett fertig machen? Freundlich reden, statt zu schreien? Oder etwas ganz anderes?

2 Suchen Sie genau das aus, was noch nicht gut klappt. Wählen Sie nur ein Verhalten aus, damit es nicht zu kompliziert wird. Nehmen wir als Beispiel: Ihr Kind weigert sich regelmäßig, abends seine Spielsachen aus dem Wohnzimmer wegzuräumen.

3 Erklären Sie Ihrem Kind, wofür es sich eine Belohnung verdienen kann: »Ich habe eine gute Idee. Du kannst dir eine Belohnung verdienen, wenn du abends deine Spielsachen wegräumst.«

4 Sagen Sie ihm, welche Belohnungen winken: »Wenn du abends dein Spielzeug in die Kiste räumst, bekommst du einen Aufkleber als Belohnungspunkt. Jetzt üben wir das zusammen. Wenn du dabei gut mitmachst, bekommst du auch einen Aufkleber.«

5 Üben Sie mit Ihrem Kind eine Woche lang zweimal am Tag das erwünschte Verhalten spielerisch ein. Wenn es gut mitmacht, bekommt es einen Belohnungspunkt: »Wir spielen jetzt mal, es wäre schon Abend. Ich sage: ›Gleich ist Bettzeit. Bitte räume deine Autos in die Spielkiste!‹ Was machst du dann? Super, du fängst sofort an. Das hast du toll gemacht. Dafür bekommst du einen Aufkleber. Heute Nachmittag üben wir es noch einmal.«

TIPP: Belohnen nach Plan

... das spornt Ihr Kind an, sich möglichst oft von seiner guten Seite zu zeigen. Eine Kopiervorlage für einen eigenen Belohnungsplan finden Sie im beiliegenden Folder.

6 Loben Sie Ihr Kind, wenn es das erwünschte Verhalten zeigt. Tragen Sie den Belohnungspunkt in seinen Plan ein – es kann ein Aufkleber sein, ein Smiley, ein Sternchen, eine Sonne oder was Ihnen und Ihrem Kind sonst einfällt.

7 Legen Sie die Punktezahl fest, die Ihr Kind für eine »echte« Belohnung sammeln muss. Zwei bis fünf Punkte, je nach Alter des Kindes, sollten ausreichen.

8 Hat Ihr Kind genug Punkte gesammelt, lassen Sie es die Belohnungspunkte sofort gegen eine »richtige« Belohnung eintauschen, Die eingetauschten Punkte werden mit einem Häkchen gekennzeichnet. Achten Sie darauf, dass Ihr Kind sich auf diese Art jeden Tag eine »echte« Belohnung verdienen kann.

TIPP: Pausen einlegen
Oft tut nach einigen Wochen mit Belohnungsplan eine Pause gut. Danach können Sie mit neuem Schwung einen neuen Plan beginnen.

Wenn die Wutanfälle nicht nachlassen

Widerstand und Opposition sind bei Kindern zwischen drei und sechs Jahren eher die Regel als die Ausnahme. Aber die klassischen Wutanfälle nehmen bei den meisten Kindern in diesem Alter allmählich ab. Sie können ihre Bedürfnisse nun sprachlich besser ausdrücken. Sie lernen zu verhandeln und mehrere Lösungswege auszuprobieren. Und sie beginnen auch an andere zu denken: Ihr Kind kann sich nun immer besser vom Standpunkt eines anderen aus betrachten. Es kann überlegen: »Was die Mama jetzt wohl denkt?« Es bekommt mit, ob es jemandem gut oder schlecht geht. Es kann Rücksicht nehmen. Innere Selbstgespräche werden immer wichtiger: Ihr Kind beginnt zu denken, bevor es handelt. Dabei greift es auf frühere Lernerfahrungen zurück.

Im Trotzkopfalter gefangen?

Es dauert unterschiedlich lange, bis Kinder diese Entwicklungsschritte durchlaufen haben. Mithilfe des Fragebogens ab Seite 28 können Sie einschätzen, wo Ihr Kind in dieser Hinsicht steht.

Die eher »schwierigen« Kinder scheinen im Trotzkopfalter stecken zu bleiben. Noch mit vier, fünf oder sechs Jahren reagieren sie oft sehr impulsiv. Zwar machen auch sie all die oben genannten Fortschritte. Manchmal klappt auch bei ihnen alles wunderbar. Aber oft klappt gar nichts. Alles Gelernte scheint vergessen.

Gleich wird etwas durch die Luft fliegen ...

TIPP: Schnell reagieren
Bei impulsiven Kindern kommt man ohne Auszeiten nicht klar. Ihre heftigen Reaktionen erfordern eine zügige, wirksame Konsequenz. Lesen Sie dazu auf Seite 56 nach.

> **Timo** gehörte zu den Kindern, bei denen im Alter von drei Jahren nicht alles vorbei war. Mit fast fünf Jahren hatte er immer noch mehrmals am Tag Wutanfälle. Die Anlässe waren unvorhersehbar. Meist ging es um Kleinigkeiten: Wenn er sich morgens anziehen sollte, wenn er das Geschirr vom Tisch abräumen oder seine Spielsachen wegräumen sollte, wenn er bei einem Spiel nicht bestimmen durfte oder zu verlieren drohte: Timo fing an zu schreien und zu toben und seine Eltern und seine kleine Schwester zu beschimpfen.

Eine besondere Art, die Welt zu sehen

Das »jetzt« wird bei impulsiven Kindern wie Timo ganz groß geschrieben, Vergangenheit und Zukunft dagegen ganz klein:

> An später denken? Bloß nicht. Ich will jetzt tun, was ich will.
> Warten? Erst denken, dann handeln? Das dauert mir viel zu lange: Ich will lieber draufloshandeln. Nachgedacht wird hinterher – wenn überhaupt.

Das »ich« steht bei impulsiven Kindern sehr stark im Vordergrund. Die anderen Menschen bleiben im Hintergrund:

> Anderen etwas gönnen? Auf keinen Fall! Ich muss gewinnen und immer Erster sein.
> Aus Fehlern lernen? Wie umständlich! Im Zweifelsfall sind immer die anderen schuld.

Für Kinder unter drei Jahren ist diese Sichtweise noch ganz normal. Aber je älter sie werden, desto mehr fallen die impulsiven Kinder auf. Dabei sind sie genauso klug wie die anderen: Auch sie können sich in andere hineinversetzen, Rücksicht nehmen, warten, planen, sich selbst motivieren. Aber meist tun sie es nicht. Viel häufiger flippen sie wegen Nichtigkeiten aus, haben Wutanfälle wie Zweijährige, wollen mit dem Kopf durch die Wand und landen dabei immer wieder in irgendeinem Fettnäpfchen.

Gaspedal und Bremse

Bei kleinen »Langzeit-Trotzköpfen« ist sozusagen das Gaspedal immer durchgetreten, aber die Bremse funktioniert nicht richtig (siehe Kasten unten). Das hat manchmal durchaus Vorteile: An Energie, Schlagfertigkeit, Originalität und Kreativität sind impulsive Kinder kaum zu überbieten. Aber oft schafft es Probleme: Mit durchgetretenem Gaspedal fliegt man schon mal aus der Kurve. Würde die Bremse funktionieren, könnten die Kinder in vielen Situationen erst einmal innehalten und ein kurzes Selbstgespräch führen: »Was ist hier los? Habe ich so was schon mal erlebt? Was tue ich jetzt besser nicht? Was könnte stattdessen klappen?«

Ohne funktionierende Bremse geht das schief. Impulsive Kinder bleiben in der »Ich-will-Kiste« stecken. Die Eltern müssen sie dort herausholen: »Was du jetzt willst, geht leider im Moment nicht!« Impulsive Kinder reagieren darauf sehr ungehalten: Sie werden wütend und treten ein heftiges Gewitter los – das widerspenstige, oppositionelle Verhalten nimmt seinen Lauf. Die Unberechenbarkeit, Häufigkeit und Heftigkeit der »kleinkindhaften« Wutanfälle macht den Eltern ebenso zu schaffen wie die Dauer.

Verlieren Sie nicht den Mut, wenn auch Ihr Kind noch sehr impulsiv ist. Auch wenn es keine große Begabung zum »Bremsen« hat:

BEGABTE UND UNBEGABTE »BREMSER«

Alle Kinder zwischen drei und sechs Jahren verlieren ab und zu die Kontrolle und »flippen aus«. Aber bei einigen nimmt es extreme Formen an. Warum funktioniert die innere Bremse nicht bei allen Kindern gleich gut? Die Antwort ist simpel: Nichts funktioniert bei allen Menschen gleich gut. Räumliche Auffassungsgabe, musikalisches Gehör, mathematisches Verständnis, Ballgefühl – alle Begabungen sind ungleich verteilt. Das scheint bei der Fähigkeit zum Innehalten und Regulieren von Reaktionen ebenso der Fall zu sein. Wissenschaftler haben herausgefunden, wo und wie im menschlichen Gehirn impulsive Reaktionen unterdrückt und innere Selbstgespräche gesteuert werden. Dieser Gehirnbereich funktioniert bei jedem anders. Je aktiver die »Bremszentrale« ist, desto besser klappt die Selbstkontrolle. Es gibt also mehr und weniger begabte »Bremser« – von Geburt an.

Wenn Sie mit Geduld und Konsequenz an seiner Seite sind, kann es nach und nach immer besser lernen, sich zu kontrollieren.

Rollenspiele für impulsive Kinder

Bei Frust und Ärger ruhig zu bleiben ist für impulsive Kinder besonders schwierig. Um es zu üben, sind kleine Rollenspiele bestens geeignet. Im Spiel kann Ihr Kind handfeste Erfahrungen sammeln – das ist wirksamer als tausend Worte. Im Rollenspiel werden genau die Situationen aufgegriffen, die Ihr Kind im Alltag zum »Ausflippen« bringen. Das kann die Wut darüber sein, dass es sein Spielzeug aufräumen soll, dass Sie den Fernseher ausschalten, dass es an der Supermarktkasse keine Bonbons bekommt …

»Mach's nach!«

Vormachen und nachspielen lassen ist die einfachste Form eines Rollenspiels – und sie ist ausgesprochen alltagstauglich. Zum Beispiel beim Thema Aufräumen:

> Sie verteilen Spielsachen auf dem Boden und sagen »Wir üben jetzt mal, wie du beim Aufräumen freundlich bleiben kannst, auch wenn du keine Lust zum Aufräumen hast. Du bist jetzt mal die Mama und sagst mir, dass ich aufräumen soll.«
> Ihr Kind gibt Ihnen als »Mama« die Anweisung aufzuräumen.
> Sie fangen als »Kind« nicht sofort damit an, sondern drücken Ihren Unmut aus, ohne laut zu werden: »Ach Mama, muss das sein? Ich hab keine Lust. Ich möchte so gern noch spielen«.
> Sie ermutigen Ihr Kind, als »Mama« seine Anweisung zu wiederholen. Daraufhin sagen Sie »Na gut!«, fangen langsam an und murmeln vor sich hin: »Immer dieses blöde Aufräumen!«
> Nun kommt der zweite Teil des Spiels: Sie loben Ihr Kind (»Toll, wie du die Mama gespielt hast!«) und schlagen einen Rollentausch vor: »Jetzt bin ich die Mama, und du machst alles genau so, wie ich es dir vorgemacht habe.«
> Diesmal ist Ihr Kind an der Reihe, seinen Unmut zu äußern, ohne laut zu werden, und am Ende Ihrer Anweisung zu folgen.
> Wenn Ihr Kind Sie gut nachgeahmt hat, bekommt es ein dickes Lob. Andernfalls können Sie gemeinsam weiter üben.

Wenn sich der Sturm gelegt hat, können Sie in gemeinsamen Rollenspielen üben, wie man seine Wut kontrolliert.

»Der wütende Wolf«

Je älter Ihr Kind ist, desto fantasievoller können Ihre gemeinsamen Rollenspiele sein. Sobald es sich in andere hineinversetzen kann, tut es das mit Begeisterung: »Ich wäre jetzt mal der« … »Und du hättest jetzt einen Hund« … Nutzen Sie das gezielt, um angemessenes Verhalten einzuüben. Sie können Handpuppen verwenden oder sich und Ihr Kind in Tiere »verwandeln«. Zum Beispiel in ein wütendes, gefährliches Tier wie ein Wolf, ein Löwe, ein Krokodil, ein Gorilla – lassen Sie Ihr Kind entscheiden!

> Sie sagen: »Was meinst du: Welches Tier ist gefährlich? Ein Wolf? Gut. Der Wolf ist sauer. Er findet sein Spielzeug nicht. Lass uns spielen: Du bist der Wolf, ich bin die Mama. Lass den Wolf jetzt mal furchtbar wütend sein. So wütend, wie du kannst.«

> Rollentausch: »Jetzt will ich mal der Wolf sein. Ich bin wütend, weil ich das Spielzeug nicht finde. Du bist die Mama.«

> Die Erfahrungen werden ausgetauscht: »Puh, das war anstrengend, so wütend zu sein. Wie war es denn für dich?«

Was lernt Ihr Kind? Im Spiel darf es wütend sein, ja soll es sogar – eine ganz neue Erfahrung! Es ist seiner Wut nicht ausgeliefert, sondern kann sie genau kontrollieren. Das fühlt sich gut an. In der Rolle der »Mama« nimmt Ihr Kind die Wut anschließend mal von der anderen Seite wahr. Nach dem Spiel kann es eingestehen, dass Wut für andere nicht angenehm ist.

»Das freundliche Meerschweinchen«

Ebenso wichtig ist es, dass Sie mit Ihrem Kind üben, wie es Konflikte friedlich lösen kann. Diesmal schlüpft es in die Rolle eines freundlichen, sanftmütigen Tieres seiner Wahl:

> Sie sagen: »Welches Tier ist besonders lieb? Ah, ein Meerschweinchen? Gut. Jetzt spielen wir: Das Meerschweinchen findet sein Spielzeug nicht. Es ist auch sauer. Meinst du, es benimmt sich wie der Wolf? Magst du mal das Meerschweinchen sein?«

Was lernt Ihr Kind? Es kann in dieser Rolle ausprobieren, Ärger auf annehmbare Weise auszudrücken. Gelingt das nicht gleich, können Sie als Vorbild zuerst in die »friedliche« Rolle schlüpfen, sodass Ihr Kind sie anschließend nachspielen kann.

TIPP: »Gut gemacht!« Wenn das Rollenspiel gut gelaufen ist, können Sie noch einen Schritt weitergehen und einen Beobachtungsplan einsetzen, wie Sie ihn im beiliegenden Folder finden.

»So stark bin ich!« Hauen und Beißen bei Kindern bis 3

Dass Trotzanfälle im zweiten und dritten Lebensjahr zur normalen Entwicklung gehören, wissen Sie ja bereits (siehe ab Seite 36). Aber wie ist es mit Beißen, Kratzen, Treten, Schubsen, An-den-Haaren-Ziehen, Wegreißen von Spielsachen, Werfen mit Gegenständen, Kämpfen? Es mag Sie überraschen: Bei 80 Prozent der Jungen und Mädchen im Alter von 17 Monaten sind solche Verhaltensweisen zu beobachten. Mit zwei Jahren ist der Höhepunkt erreicht, danach nimmt das »aggressive Verhalten« allmählich ab.

Warum ist unser Kind so aggressiv?

> **Luis** (20 Monate) geht seit einigen Wochen regelmäßig mit seiner Mutter in eine Spielgruppe. Dort spielt er anfangs friedlich für sich allein oder auch mit anderen Kindern – und plötzlich beißt er zu. Meist weil er gern etwas haben möchte, womit gerade ein anderes Kind spielt. Es geht ganz schnell: Wenn das »Opfer« gellend aufschreit und mindestens zwei Mamas auf Luis zustürzen, ist es schon passiert.

> **Emily** (18 Monate) hat vor kurzem erst laufen gelernt. Ihre dreijährige Schwester spielt friedlich auf dem Fußboden mit ihrer Holzeisenbahn. Emily geht mit ihren noch etwas wackeligen Schritten auf sie zu, greift in ihre Haare und reißt ihr ein ganzes Haarbüschel aus.

> **Moritz** (24 Monate) hat sehr heftige Wutanfälle. Statt sich selbst auf den Boden zu werfen, geht er schreiend auf seine Mama oder seinen Papa los und versucht sie zu treten oder zu schlagen. Solange Moritz sich nicht beruhigt hat, ist es kaum möglich, ihn zu »bändigen«.

Die friedfertigsten Eltern stehen manchmal völlig fassungslos vor ihrem kleinen »Rambo«: Wie kann unser Kind nur so aggressiv sein? Wir machen es ihm doch nicht vor! Von wem hat er (oder sie) das bloß?

Altersgerechtes Verhalten

Kann man das Verhalten eines noch nicht einmal dreijährigen Kindes aber wirklich schon als »aggressiv« bezeichnen? Im ersten Kapitel wurde bereits erklärt, wie wichtig der Meilenstein »Einfühlungsvermögen« für die Entwicklung eines Kindes ist (siehe ab Seite 13). Im Alter von zwei Jahren weiß ein Kind noch nicht, dass sich jemand anderer schlecht fühlt, wenn es ihm ans Schienbein tritt, an den Haaren zieht oder ihn in den Finger beißt. Solange ein Kind diesen Zusammenhang noch nicht versteht, kann man ihm keine böse Absicht unterstellen.

Hauen, Treten, Beißen – das ist also für ein zweijähriges Kind noch altersgerechtes Verhalten. Es ist nicht richtig, ein so kleines Kind als »aggressiv« zu bezeichnen.

WICHTIG
Auch wenn Hauen, Treten, Beißen für Ihr zweijähriges Kind noch altersgerechtes Verhalten ist, muss es doch so bald wie möglich lernen, dass das nicht erlaubt ist. Wie Sie ihm das vermitteln können, lesen Sie ab Seite 67.

Neugier und Kontaktsuche

Wenn es nun kein wirklich aggressives Verhalten ist, was ist es dann? Oft spielen Neugier oder der Versuch einer Kontaktaufnahme eine Rolle. Wenn der kleine Luis versucht, einem anderen Kind ein Spielzeugauto aus der Hand zu reißen, will er testen: »Das Auto will ich haben. Mal ausprobieren, ob ich es kriegen kann.« Wenn das nicht klappt, geht er einen Schritt weiter: »Vielleicht kriege ich das Auto, wenn ich beiße.«

Die kleine Emily denkt sich vielleicht: »Ich will spielen. Mal schauen, ob es spannend wird, wenn ich an den Haaren ziehe.« Wenn ihre Schwester dann laut schreit, ist das Testergebnis eindeutig: »Echt spannend. Es passiert richtig was.« Wenn nun die Eltern angelaufen kommen, sich aufregen und ausgiebig mit Emily diskutieren, findet sie das noch spannender.

Kinder im zweiten und dritten Lebensjahr können sich sprachlich noch nicht so gut ausdrücken. Wenn sie etwas ausprobieren wollen, setzen sie zum Erkunden der Welt ihre Hände und Füße und manchmal auch ihre Zähne ein.

Ein natürlicher Kampfreflex

Hauen, Treten oder Beißen kann, wie es bei Moritz (siehe Seite 65) der Fall war, auch ein Ausdruck von Frust und Ärger sein: Wenn ein Kind nicht bekommt, was es will, wenn es nicht darf, was es will, oder wenn es nicht schafft, was es will – jedes Mal wird im Gehirn eine Art »Alarm« ausgelöst, ähnlich wie bei einer Angst- oder Schreckreaktion. Ärger und Wut sind ebenfalls biologisch wichtig für die Selbstbehauptung: Ihr Kind versucht, alle Hindernisse zu überwinden und doch noch zu bekommen, was es will. Durch einen Adrenalinstoß werden die Muskeln angespannt, Ihr Kind ist bereit zum Kampf. Ist es wirklich so erstaunlich, dass es dabei nach Kräften seine Hände, Füße und vielleicht sogar seine Zähne benutzt? Kleine Kinder wollen kämpfen. Das muss Sie nicht aus der Fassung bringen. Kampfbereitschaft war viele tausend Jahre lang für die Menschen eine lebenserhaltende Eigenschaft. Erst seit recht kurzer Zeit wünschen wir Eltern uns eher friedfertige Konfliktlöser als kleine Kämpfer.

»WEIL DU GERADE DA BIST ...«
Ihr Kind kämpft meist gegen den, der den Frust ausgelöst hat. Das sind meist Sie als Eltern, weil Sie Ihr Kind mal wieder aus der »Ich-will-Kiste« (siehe Seite 23) herausgeholt haben. Manchmal wird aber auch einfach gegen den gekämpft, der gerade zufällig da ist – also auch meist Sie.

Wenn Ihr Kind aber auf jeden Konflikt mit einem Kampf reagiert, hat das Folgen: Sie machen sich Sorgen oder haben ein schlechtes Gewissen, weil Sie das »aggressive Verhalten« auf eigene Erziehungsfehler zurückführen. Sie reagieren ängstlich und angespannt und bringen sich dadurch Ihrem Kind gegenüber in eine schwache Position. Vielleicht versuchen Sie vorbeugend, jede Art Frust von Ihrem Kind fernzuhalten. Einem willensstarken Kind gefällt das. Es ist regelrecht eine Aufforderung zu weiteren »Tests«, was sich so alles erreichen lässt. Die auffälligen Verhaltensweisen verschwinden mit zunehmendem Alter nicht allmählich, sondern werden beibehalten, weil sie einfach zu viele Vorteile bringen.

Der richtige Umgang mit kleinen »Rambos«

Ein Kind unter drei Jahren kann noch nicht »böse« sein. Es versteht einfach noch nicht, was es tut. Das zu wissen hilft Ihnen, ruhig zu bleiben. Bei aller Gelassenheit sollten Sie das unangemessene Verhalten aber sofort beenden, wenn Ihr Kind auf jemanden losgeht und schubst, haut, tritt oder beißt. Gehen Sie mit ihm vor die Tür. Setzen Sie eine Auszeit ein (siehe ab Seite 43). Reden Sie Klartext: »Hauen ist nicht in Ordnung. Das darfst du nicht. Das tut weh.« Nehmen Sie Ihrem Kind das Spielzeug weg, das es an sich gerissen hat. Lassen Sie nicht die Kinder den Konflikt unter sich ausmachen: Trennen Sie Ihr Kind sofort von seinem »Opfer«. Auch wenn es noch nicht richtig versteht, was es falsch gemacht hat, lernt es aus Ihrer angemessenen Reaktion.

Das Selbstvertrauen stärken

Wenn Sie gelassen bleiben, können Sie in freundlichem, ruhigem Ton mit Ihrem Kind reden. Sie zeigen ihm deutlich, dass Sie sein Verhalten ablehnen, aber durchaus Verständnis für seine Wut, seinen Ärger oder auch seine Neugier und die unbeholfenen Versuche zur Kontaktaufnahme haben. Verpassen Sie keine einzige Gelegenheit, Ihrem Kind Ihre Freude oder Anerkennung zu zeigen, wenn es friedlich mit anderen spielt, freiwillig etwas abgibt, seinen Ärger angemessen ausdrückt. Das gibt ihm Selbstvertrauen und stärkt das erwünschte Verhalten.

TIPP: Übung macht den Meister

Streichen Sie Ihrem Kind sanft übers Haar. Zeigen Sie, wie es das bei Ihnen tun kann. Zeigen Sie Ihre Freude, wenn Ihr Kind es »richtig« macht. Machen Sie ihm vor, wie man bei einem anderen Kind dasselbe tun kann, oder wie man es an die Hand nehmen und ein Stück zusammen gehen kann, statt zu schubsen. Zeigen Sie ihm, wie man Nein sagt, statt zu hauen, wie man »Darf ich auch mal?« fragen kann, statt ein Spielzeug einfach wegzureißen.

»Ich hau dir eine!« Aggressives Verhalten ab 3 Jahre

So wie die Wutanfälle ab dem vierten Lebensjahr deutlich weniger werden, nimmt auch das aggressive Verhalten ab. Der Grund ist derselbe: Die sprachlichen Fähigkeiten und Handlungsmöglichkeiten Ihres Kindes wachsen. Es kann sich nun in andere einfühlen. Es kann Regeln nicht nur befolgen, sondern auch verstehen und einsehen. Jedes Kind hat beim Lernen sein eigenes Tempo. Läuft die Entwicklung insgesamt langsamer ab, verschwinden Verhaltensweisen wie Hauen oder Beißen entsprechend später.

Wenn Kinder aggressiv bleiben

Wenn Kinder auch im Alter zwischen drei und sechs Jahren noch hauen, beißen und treten, wissen sie in der Regel, was sie tun. In diesem Fall ist der Begriff »aggressives Verhalten« berechtigt: Ihnen ist jetzt klar, dass es ihrem Gegenüber wehtut, aber das hält sie nicht davon ab – sie tun es mit voller Absicht. Fast jedes Kind in dem Alter wird gelegentlich aus Wut, Ärger oder Enttäuschung auf jemanden losgehen. Zum Problem wird das erst, wenn das Verhalten sehr häufig vorkommt oder sehr heftig ausfällt oder beides zusammen. Die möglichen Ursachen sind vielfältig.

Geringes Selbstbewusstsein

> **Stefan** (6 Jahre) malte sich in meiner Praxis als gefährlichen Tyrannosaurus Rex. Dem Dinosaurier tropfte Blut von den monströsen Zähnen, weil er gerade einen »Feind« gefressen hatte. Leider beließ Stefan es nicht bei solchen Gewaltfantasien. Im Kindergarten ging er oft auf andere Kinder los und versuchte sie in Kämpfe und Prügeleien zu verwickeln. Die anderen Kinder gingen ihm meist aus dem Weg. Zu Geburtstagen wurde er nie eingeladen, auch Verabredungen kamen nur mithilfe seiner Mutter zustande.

Kinder wie Stefan müssen sich umso mehr als »allmächtig« und »gewalttätig« aufspielen, je geringer ihr Selbstvertrauen ist. Dinosaurier, Monster, Waffen, Kriegsschiffe und Raketen sind beliebte Bestandteile ihrer Allmachtsfantasien. Je kleiner und schwächer sich ein Kind fühlt, desto größer und gefährlicher müssen sie sein. Solange es bei Fantasien bleibt, gibt es noch kein Problem. Aber wenn ein Kind im Alltag bei »normalem« Verhalten nicht beachtet wird, ist das Verbreiten von Angst und Schrecken oft seine wichtigste oder sogar einzige Möglichkeit, sich Einfluss und Anerkennung zu verschaffen. Für kurze Zeit kann es sich dann groß und mächtig fühlen. Das ist sehr traurig für das Kind, denn langfristig geht der Schuss nach hinten los: Je häufiger es sich aggressiv verhält, desto eher wird es auf die Dauer von den anderen gemieden. Es fühlt sich unbeliebt und abgelehnt – und seine aggressiven Fantasien bekommen dadurch immer neue Nahrung.

»RICHTIGE JUNGEN«
Jungen zeigen häufiger offen aggressives Verhalten als Mädchen. Sie werden darin auch eher von ihrer Umwelt bestärkt (»Ein richtiger Junge muss sich auch mal prügeln«). Mädchen mit aggressivem Verhalten fallen dagegen unangenehm auf und werden eher ausgegrenzt.

OFT MEHRERE URSACHEN

Hier und auf der vorigen Seite finden Sie die häufigsten Ursachen für aggressives Verhalten. Besonders gefordert sind Sie als Eltern, wenn mehrere Ursachen zusammenkommen.

Keine klaren Grenzen

Viele Kinder erfahren weder klare Grenzen noch vorhersehbare Konsequenzen für ihr aggressives Verhalten. Stattdessen fühlen sie sich regelmäßig als Sieger im Machtkampf mit ihren Eltern. Das spornt sie zum Weitermachen an.

Schlechte Vorbilder

Kinder ahmen nach, was ihnen vorgelebt wird. Wenn in ihrem Umfeld Schreien, Beleidigungen oder Schlagen an der Tagesordnung sind, werden sie diese Verhaltensweisen mit großer Wahrscheinlichkeit übernehmen. Nicht nur die Eltern kommen hier in Frage, sondern auch ältere Geschwister oder bewunderte Gleichaltrige aus dem Kindergarten – sowie »Helden« aus Filmen oder Computerspielen, die Gewalt als Lösung propagieren.

Impulsivität: fehlende Selbstkontrolle

Bei manchen Kindern ist das aggressive Verhalten eine besondere Form des impulsiven Verhaltens (siehe ab Seite 61). Impulsive Kinder kennen alle Regeln, haben sie verstanden, nehmen sich auch immer wieder vor, friedlich zu bleiben – und reagieren doch wieder aggressiv. Die Wut lässt sie außer sich geraten. Alle Regeln sind vergessen. Sie müssten jetzt innehalten, nachdenken und die Impulse in den Muskeln ihrer Arme und Beine stoppen, aber das gelingt ihnen nicht. Die Bremse fehlt. Sie sind zu schnell. Sie bekommen Wutanfälle, lassen ihren Ärger an Gegenständen aus und gehen noch einen Schritt weiter: Sie treten und schlagen.

Konflikte friedlich lösen lernen

Für Eltern und Erzieher ist es eine noch größere Herausforderung, mit körperlich aggressivem Verhalten umzugehen, als mit Wutanfällen, bei denen die Kinder »nur« schreien und wütend auf den Boden trampeln. Es hilft, sich mit den Ursachen auseinanderzusetzen. Aber es reicht nicht. Zusätzlich brauchen Eltern möglichst viele brauchbare Ideen, was sie konkret tun können. Sonst ist die Gefahr groß, dass sie selbst verletzt, hilflos und unbeherrscht reagieren, was die Situation nur verschlimmern würde.

TIPP: Sofort eingreifen, friedliche Lösungen einüben

> Schauen Sie bei aggressivem Verhalten Ihres Kindes niemals weg. Greifen Sie immer sofort ein.

> Auf aggressive Verhaltensweisen Ihres Kindes muss immer eine Konsequenz folgen. Sehr oft bietet sich eine Auszeit an (siehe Seite 56), manchmal auch die Trennung von einer angenehmen Aktivität, von einer Sache oder von Ihrer Gesellschaft (siehe Seite 55).

> Üben Sie mit Ihrem Kind friedliche Konfliktlösungen. Ihr Kind weiß ganz genau, dass es nicht schlagen oder treten darf. Das allein hilft ihm aber nicht. Ihm muss auch klar sein: »Was kann ich denn stattdessen tun, wenn ich geärgert werde oder wütend bin?« (siehe Seite 72).

> Stärken Sie wann immer möglich das Selbstvertrauen Ihres Kindes, indem Sie seinem positiven Verhalten Aufmerksamkeit schenken (siehe Seite 72).

Alles, was Sie zum Thema Trotz ab Seite 48 gelesen haben, gehört auch zum Handwerkszeug beim Umgang mit aggressivem Verhalten. Insbesondere die Auszeit: Mit ihrer Hilfe können Sie das unerwünschte Verhalten sofort beenden.

Im Rollenspiel Konfliktlösungen üben

Jeder Konflikt, bei dem ein Kind in eine körperliche Auseinandersetzung verwickelt war, kann Ausgangspunkt für ein Rollenspiel sein. Wie bei Tom, der oft seine Wut noch nicht im Griff hatte:

> **Tom** (6 Jahre) kommt heulend und empört aus der Kindertagesstätte. »Das ist so gemein! Ich habe Ärger gekriegt, weil ich dem Sven eine gehauen habe. Dabei hat der angefangen! Der hat mich die ganze Zeit geärgert und mir ›fette Sau‹ hinterhergerufen. Der hat's verdient!«

Auf der folgenden Seite lesen Sie, wie Mutter und Sohn in einem Rollenspiel gemeinsam eine bessere Lösung finden, als zuzuhauen. Selbstverständlich sind Väter als »Regisseure« ebenso geeignet.

> Die Mutter fragt Tom, ob ihm eine bessere Lösung einfällt: »Das war nicht richtig vom Sven. Aber Hauen ist keine gute Lösung. Was kannst du denn beim nächsten Mal machen, wenn dich jemand ärgert oder etwas Gemeines zu dir sagt?«
> Tom äußert Ideen für eine friedliche Lösung: »Ich kann sagen, er soll mich in Ruhe lassen. Aber der macht bestimmt trotzdem weiter. Oder ich renne weg und spiele woanders.«
> Die Mutter ermutigt Tom und schlägt selbst eine weitere Lösung vor: »Super! Das sind zwei richtig gute Ideen! Das probieren wir gleich mal aus. Ich habe auch noch einen Vorschlag. Du könntest ihm sagen: ›Hör auf. Wenn du weitermachst, gehe ich zur Erzieherin.‹ Wie findest du das?«
> Tom spielt nun den Jungen, der ihn geärgert hat. Die Mutter ist das Vorbild. Sie spielt Toms Rolle zuerst: »Wenn du nicht aufhörst, gehe ich zur Erzieherin!«
> Die Rollen werden getauscht, Tom spielt sich selbst: »Hör auf! Ich gehe es sonst sagen!«
> Die Mutter lobt Tom, und sie üben weiter: »Das war schon sehr gut. Da wird der Sven sich wundern. Können wir es noch mal machen, und du guckst mich jetzt richtig an und sagst es noch ein bisschen lauter?«

Auf diese Weise werden auch die anderen Lösungswege durchgespielt, bis Tom eine friedliche Lösung überzeugend gespielt hat.

Lob und Anerkennung geben

Zusätzlich zum Üben angemessener Verhaltensweisen ist es hilfreich, wenn Sie friedliches Verhalten Ihres Kindes konsequent mit Aufmerksamkeit belohnen. Damit stärken Sie sein Selbstvertrauen. Alle Kinder brauchen Lob und Anerkennung und das Gefühl, angenommen zu werden. Unkomplizierte, friedliche, aufgeweckte Kinder bekommen in der Regel genug davon. Impulsive Kinder, die ziemlich viel Unsinn anstellen, oft ausrasten und gelegentlich schlagen oder aggressiv sind, sehen in dieser Beziehung dagegen eher alt aus. Umso häufiger bekommen sie die Unzufriedenheit und Enttäuschung ihrer Eltern zu spüren. Um sich stark fühlen zu können, müssen sie deshalb erst recht mal wieder »draufhauen«.

TIPP: Das Gute betonen
Achten Sie bei Ihrem Kind auf das Gute – und zeigen Sie ihm das möglichst oft!

Auch Kleinigkeiten zählen!

Unterbrechen Sie den Kreislauf von Frust und Aggression: Schenken Sie Ihrem Kind Aufmerksamkeit, machen Sie ihm Mut und unterstützen es, sobald es sich auf irgendeine Art positiv verhält.

> **Geben Sie ihm körperliche Zuwendung.** Zum Beispiel indem Sie es anerkennend anschauen, anlächeln, an der Schulter berühren, in den Arm nehmen, ihm über den Kopf streicheln.

> **Sagen Sie ihm, was Sie an seinem Verhalten mögen.** Etwa so: »Prima, du hast ja schon ganz von selbst den Schlafanzug angezogen!« – »Es macht richtig Spaß, dir beim Legospielen zuzuschauen.« –»Wie lieb du mit deiner kleinen Schwester spielst!«

> **Sagen Sie ihm ab und zu, was Sie an ihm schätzen:** »Niemand hat so tolle Ideen wie du!« – »Dein Gedächtnis ist eine Wucht! Wie kannst du dir beim Memory bloß merken, wo alle Karten liegen?« – »Du siehst super aus mit deinem neuen T-Shirt.«

> **Zeigen Sie Ihre Freude und Anerkennung,** wenn Ihr Kind bei einem Konflikt friedlich bleibt: »Jetzt habe ich beim Memory gewonnen, und du bleibst ganz cool! Das finde ich super!«

GU-ERFOLGSTIPP: DIE BÜROKLAMMER-METHODE

Diese Methode hilft Ihnen dabei, besonders auf die positiven Verhaltensweisen Ihres Kindes zu achten. Sie brauchen: 10 Büroklammern, Hosen- oder Rocktaschen auf beiden Seiten – und erhöhte Aufmerksamkeit für das positive Verhalten Ihres Kindes. Morgens stecken Sie alle zehn Büroklammern in Ihre linke Hosen- oder Rocktasche. Ihr Kind braucht davon nichts zu bemerken. Jedes Mal, wenn Sie ihm körperliche Zuwendung gegeben oder ihm etwas Positives über sein Verhalten oder seine Persönlichkeit gesagt haben, nehmen Sie eine Büroklammer aus Ihrer linken Tasche und stecken sie in die rechte. Am Abend sollten alle zehn Büroklammern in der rechten Hosentasche gelandet sein. Dann gibt es zwei Gewinner: Sie und Ihr Kind.

Noch wirkungsvoller ist es, wenn Sie die Methode mit einem Belohnungsplan ergänzen. Dann schenken Sie Ihrem Kind für friedliche Konfliktlösungen nicht nur Aufmerksamkeit, sondern es bekommt zusätzlich eine Belohnung. Anregungen dafür finden Sie ab Seite 58, eine Kopiervorlage im beiliegenden Folder.

»Das ist ungerecht!«
Geschwisterstreit

Stärker sein, besser sein, mehr dürfen, mehr bekommen als der Bruder oder die Schwester – für viele Kinder mit Geschwistern scheint das ihr wichtigster Lebensinhalt zu sein. Eifersucht, Streit, Rangeleien, Missgunst und immer wieder Kampf um die Aufmerksamkeit der Eltern sind die Folge. Diese Rivalität ist auch vom Altersabstand der Kinder abhängig und völlig normal. Sie können Ihren Kindern aber im Alltag dabei helfen, auf friedlichere Weise miteinander umzugehen.

Wenn ein »neues« Baby kommt

Wenn ein Geschwisterkind kommt, ist für das »große« Kind nichts mehr so, wie es war. Der kleine Prinz oder die kleine Prinzessin wird »vom Thron gestoßen« und steht plötzlich nicht mehr im Mittelpunkt. Die Eltern sind jetzt rund um die Uhr beschäftigt mit Stillen, Füttern und Wickeln, der Besuch bringt Geschenke für das Baby mit und bewundert es ausgiebig, und zu allem Überfluss gibt das kleine Wesen noch ziemlich oft laute unangenehme Geräusche von sich. So klein es auch ist, so laut kann es doch schreien.

Auch eine Frage des Altersabstands

Bei einem größeren Altersabstand von drei oder mehr Jahren kann sich das ältere Kind bewusst machen, dass es Unterschiede zwischen ihm und dem Baby gibt, dass es selbst auch einmal so klein war, dass das Baby noch mehr Pflege und Zuwendung braucht. Bei einem geringeren Altersabstand wird das noch nicht klappen. Wie soll eine Zweijährige schon verstehen, dass der kleine Bruder – im Gegensatz zu ihr selbst – noch eine Flasche bekommt, im Kinderwagen herumgefahren, auf dem Wickeltisch mehrmals am Tag ausführlich versorgt und ganz oft auf dem Arm herumgetragen wird? Andererseits ist derselbe kleine Bruder durchaus schon in der Lage, zu ihren liebevoll aufgebauten Spielsachen zu krabbeln und ihr alles durcheinanderzubringen, und er wird nicht einmal dafür ausgeschimpft! Die Eltern sagen nur: »Der ist noch so klein, der versteht das noch nicht!« Das wiederum kann die große Schwester noch nicht verstehen. Die Fähigkeit, sich in andere Kinder hineinzuversetzen, hat sie noch nicht entwickelt.

Wenn Kleinkinder wieder zu Babys werden …

Es ist völlig normal, dass sich Ihr älteres Geschwisterkind ungerecht behandelt fühlt und seinen Einzelkind-Zeiten nachtrauert, wenn Familienzuwachs gekommen ist. Möglicherweise versucht es nun, sich selbst wieder in ein Baby zu verwandeln, indem es wieder in die Hose macht, eine Flasche einfordert oder ständig getragen werden will. Auf diese Weise versucht es, Ihre ungeteilte Aufmerksamkeit zurückzugewinnen.

WUT AUF DAS BABY

Vielleicht bekommt Ihr älteres Kind gelegentlich richtig Wut auf das »neue« Baby. Dann wird schon mal geschubst, gehauen oder gebissen – je jünger Ihr älteres Kind ist, desto wahrscheinlicher. Richtig gefährliches Verhalten kommt seltener vor, ist aber nicht auszuschließen. Was Sie gegen Eifersucht tun können, lesen Sie auf Seite 76.

So schafft Ihr Kind die Umstellung

Was können Sie tun, um die Eifersucht Ihres älteren Kindes in Grenzen zu halten und aggressives Verhalten dem kleinen Geschwisterchen gegenüber zu verhindern?

> **Bereiten Sie Ihr Kind auf das Baby vor.** Lassen Sie es an den Veränderungen, die eine Schwangerschaft mit sich bringt, teilhaben. Es darf ruhig dabei sein, wenn auf dem Ultraschallbild die Händchen und Füßchen zu sehen sind. Es darf fühlen oder horchen, wenn sich unter Mamas Bauch was bewegt. Es darf mitbekommen, wie Sie sich auf das Baby freuen. Auch geeignete Bilderbücher können es schon etwas damit vertraut machen, was auf es zukommt (siehe Buchtipp Seite 122).

> **Verlangen Sie von einem Zwei- bis Dreijährigen kein »vernünftiges« Verhalten.** Was spricht dagegen, Ihrem »großen« Kind einen Schluck aus der Babyflasche oder von Ihrer Brust zum Kosten zu geben? Der süße, wässrige Geschmack wird ihm sicherlich nicht besonders attraktiv vorkommen. Wenn Ihr Kind wieder in die Hose macht, bleiben Sie sachlich. Geben Sie ihm neue Sachen, aber schimpfen Sie nicht. Vermeiden Sie den Satz: »Wie konnte das passieren, du bist doch jetzt groß!« Sagen Sie stattdessen ab und zu: »Am liebsten möchtest du jetzt auch wieder so klein sein und versorgt werden wie ein Baby!«

> **Lassen Sie Ihr »großes« Kind mithelfen.** Zeigen Sie ihm, wie sehr Sie es brauchen: Es darf das Baby halten, Ihnen beim Wickeln assistieren, den Kinderwagen schieben, mit Ihnen zusammen ein Lied vorsingen. Für alles bekommt es ein dickes Lob: »Was sollte ich ohne dich nur machen?« Wenn Ihr Kind sich wichtig fühlt, hat Eifersucht keine Chance.

> **Nehmen Sie sich Zeit für Ihr »großes« Kind.** Versuchen Sie ihm einmal am Tag ungeteilte Aufmerksamkeit zu schenken, etwa bei einem Spiel, das es selbst aussuchen darf. Nehmen Sie sich die Zeit, mit ihm über Ihre Erinnerungen zu reden, als es selbst noch ein Baby war. Blättern Sie im Fotoalbum. Erzählen Sie von seiner Geburt und davon, wie froh Sie waren, als es endlich da war. Was für ein wundervolles Baby es war! Betonen Sie, wie sehr Sie die Zeit mit ihm allein genossen haben.

TIPP: »Bei dir war es genauso!«
Wenn Ihrem »großen« Kind klar wird, dass es selbst auch mal ein umsorgtes Baby war, kann es sein Geschwisterchen vielleicht mit etwas anderen Augen sehen.

Wer hat angefangen?
Streit unter Trotzköpfen

Solange das Geschwisterkind noch ein Baby ist, stehen Eifersucht und Kampf um die Aufmerksamkeit der Eltern im Vordergrund. Hat das jüngere Kind aber selbst das Trotzkopfalter erreicht, kommt die Rivalität dazu: Wer kann was besser? Wer bekommt mehr? Wer darf mehr? Wer ist stärker? Im Kleinkind- und Kindergartenalter verbringen Geschwister die meiste Zeit miteinander. Sie haben oft ähnliche Eigenschaften, oft sehen sie sich auch noch ähnlich. Was liegt also näher, als sich ständig zu vergleichen? Fast nie fällt das Ergebnis zufriedenstellend aus. Und schon gibt es einen Anlass für eine neue Auseinandersetzung.

Zwei Kinder im Trotzalter – das ist eine echte Herausforderung. Wenn der Altersabstand weniger als drei Jahre beträgt und die Geschwister das gleiche Geschlecht haben, ist die Rivalität und die Wahrscheinlichkeit für häufige Auseinandersetzungen am größten. Es versteht sich von selbst, dass Eltern nicht durch zusätzliche Vergleiche Öl ins Feuer gießen sollten. Stellen Sie sich vor, wie Sie sich als fünfjähriges Kind fühlen würden, wenn Sie immer wieder zu hören bekämen:

> »Dein Bruder brauchte in deinem Alter schon längst keine Windel mehr!«
> »Deine Schwester konnte mit vier Jahren schon schwimmen, und du stellst dich so an.«
> »Wegen jeder Kleinigkeit fängst du an zu schreien! Nimm dir mal ein Beispiel an deinem großen Bruder!«

Eltern mit mehreren Kindern haben es gleichzeitig leichter und schwerer als Eltern von Einzelkindern. Sie haben es leichter, weil sie nicht so oft als einziger verfügbarer Spielkamerad in Anspruch genommen werden. Sie haben es leichter, weil die Kinder viel voneinander lernen und weil die Älteren manchmal für die Jüngeren da sind. Sie haben es aber auch schwerer. Sie müssen ihre Liebe und Aufmerksamkeit aufteilen, und das möglichst gerecht. Das ist gar nicht so einfach: Oft fühlen sich Mutter oder Vater zu einem Kind mehr hingezogen, vielleicht weil ihr eigenes Temperament mit dem Temperament dieses Kindes besser harmoniert.

»SIE LIEBEN UND SIE HASSEN SICH«

Jedes Kind fühlt sich seinen Geschwistern gegenüber benachteiligt, auch wenn die Eltern sich noch so viel Mühe geben, gerecht zu sein. Das schließt aber positive Gefühle füreinander nicht aus. Wenn es hart auf hart kommt, halten Geschwister meist zusammen.

Eltern mit mehreren Kindern haben es aber auch schwerer als Eltern von Einzelkindern, weil es mehr Konfliktfelder gibt, mehr Frust, mehr Wut, mehr lautstarke Auseinandersetzungen.

Faire Lösungen finden

Streit unter Geschwistern ist anstrengend für die Eltern, er hat aber auch handfeste Vorteile. Denn auf welche Weise könnten Kinder besser lernen, Konflikte zu lösen und Kompromisse einzugehen? Das folgende Beispiel zeigt einen typischen Streit zwischen zwei Geschwistern im Trotzkopfalter.

> **Lukas** (4) und **Luise** (6) haben von der Oma einen neuen Hüpfball geschenkt bekommen. Nach kurzer Zeit zerren sie beide daran, schreien und fangen an zu rangeln. Lukas: »Die Luise hat mich geschubst, die blöde Kuh!« Luise: »Der hat mir den Hüpfball weggerissen! Ich hatte den zuerst!«

Stellen Sie sich vor, die beiden wären Ihre Kinder. Würden Sie ...

> ... versuchen, durch genaues Befragen herauszufinden, wer angefangen hat und der »Schuldige« ist? Das ist keine gute Idee. Wenn Sie als Detektiv, Polizist oder Richter auftreten, schafft das noch mehr negative Gefühle. Oft ist es auch nicht gerecht.

> ... schimpfen »Könnt ihr euch nicht vertragen! Immer müsst ihr streiten« – und weiter nichts unternehmen? Wenn Sie nur reden, aber nicht handeln, nehmen Ihre Kinder Sie nicht ernst.

> ... mit lauter und genervter Stimme einschreiten (»Das ist ja furchtbar mit euch! Ihr könnt nicht mal fünf Minuten zusammen spielen! Der Hüpfball kommt weg!«) und den Ball auf unbestimmte Zeit einkassieren? Dann hätten Sie zwar konsequent gehandelt, aber besonders sinnvoll wäre auch das nicht. Wenn Sie hier sofort eine Konsequenz setzen, bekommen die Kinder keine Chance, selbst eine Lösung zu finden.

> ... denken »Das sollen die untereinander regeln« und sich gar nicht einmischen? Wenn Sie sich bei Streitereien grundsätzlich heraushalten, gewinnt immer der Stärkere.

> ... ganz ruhig sagen »Jetzt ist es aber gut! Versprecht mir, dass ihr euch jetzt vertragt«? Wenn keine Konsequenz folgt, haben die Kinder keinen Anreiz, ihren Streit zu beenden.

FÜRS LEBEN LERNEN
Im Umgang mit anderen Kindern können Kinder sich erproben und lernen, Konflikte zu lösen. Einzelkinder finden diese Möglichkeit in Kindertagesstätte oder Spielgruppe (siehe ab Seite 85).

Ein sanfter Schubs in die richtige Richtung

Wenn alle Ihre Versuche zur »Schlichtung« nicht funktionie-ren – was bleibt dann noch übrig? Ideal ist es, wenn Sie fair, aber fest bleiben und ihre Kinder bei der Lösung von Konflikten aktiv einbeziehen. Das folgende Beispiel mit Luise, Lukas und ihrer Mutter zeigt, wie es funktionieren kann.

»Stufenplan« für eine gute Lösung

> Mutter (bezieht die Kinder ein): »So ihr beiden, jetzt ist Schluss mit der Streiterei. Das kriegt ihr auch friedlich hin, da bin ich ganz sicher. Muss ich euch erst mal zum Abkühlen jeden in sein Zimmer schicken – oder überlegen wir sofort, wie es klappen könnte?«

> Luise und Lukas: »Nein, nicht ins Zimmer! Lieber überlegen!«

> Mutter (lässt beide Seiten zu Wort kommen): »Wie könntet ihr denn ohne Streit beide mit dem Ball spielen?«

> Luise: »Der Lukas ist so gemein! Der reißt mir immer den Hüpfball weg!«

> Lukas: »Das ist gar nicht wahr! Ich hatte den zuerst! Die blöde Luise hat mich geschubst.«

> Mutter (ermuntert die Kinder zu einem Vorschlag): »So kom-men wir nicht weiter. Fällt euch noch etwas Besseres ein?«

> Luise: »Erst bin ich eine Stunde dran, dann Lukas. Du guckst auf die Uhr.«

> Mutter (nimmt den Vorschlag auf): »Das ist eine gute Idee. Aber eine Stunde ist zu lang. Ich stelle die Küchenuhr jetzt auf zehn Minuten. Wir losen, wer anfangen darf. Ich werfe eine Münze. Ist das okay?«

> Lukas und Luise: »Na gut …«

> Mutter (lobt beide Kinder): »Ich freue mich, dass ihr beiden eine gute Lösung gefunden habt.«

Wenn eine Einigung dagegen nicht gelingt, kann die Mutter Lukas und Luise zu einer kurzen Auszeit in zwei verschiedene Zimmer schicken und ihnen dann noch einmal gemeinsam eine Chance geben. Klappt es wieder nicht, wird der Hüpfball für den Rest des Tages aus dem Verkehr gezogen. So einfach ist das. Und so schwer.

TIPP: Je nach Alter …
Je älter Ihre Kinder sind, desto eher können sie schon selbst faire Lösun-gen vorschlagen. Je jünger sie sind, desto mehr sind sie noch auf Ihre Vorschlä-ge oder Verbesserungen angewiesen.

TROTZ AUS ANGST

Angst schützt vor Gefahren. Manchmal hindert sie uns aber an schönen oder wichtigen Aktivitäten. Helfen Sie Ihrem Kind, mit seiner Angst klarzukommen!

»Bleib bei mir!« Trennungs-angst bei Kindern bis 3

Das zweite und dritte Lebensjahr gehören zum »Trotzalter«. Eben-so könnte man vom »Rockzipfel-Alter« reden, und an einem Ho-senbein kann man sich ebenfalls wunderbar festklammern, um Mama oder Papa auf Schritt und Tritt zu folgen. Ihr Kind entdeckt jetzt, dass es eine eigenständige Persönlichkeit ist. Es kann auch klarer zwischen Vertrautem und Fremdem unterscheiden. Was fremd ist, könnte bedrohlich oder gefährlich sein! Wie gut, dass Sie in der Nähe sind und Ihr Kind bei Ihnen Schutz suchen kann.

Typische Angstsituationen

In einer Kinderarztpraxis habe ich vor einigen Jahren zusammen mit dem Kinderarzt Dr. Morgenroth 300 Eltern befragt, welches Verhalten ihrer Kinder sie besonders belaste (siehe auch mein Buch »Jedes Kind kann Regeln lernen«). Die Antwort »Trennungsangst« traf für jedes dritte Kind im zweiten Lebensjahr und für jedes sechste im dritten Lebensjahr zu. Daran wird deutlich: Längst nicht jedes Kind in diesem Alter hat Angst, wenn es von den Eltern getrennt ist. Aber sie kommt so häufig vor, dass man von normalem und altersgerechtem Verhalten ausgehen kann.

Kinder können sich mit zwei oder drei Jahren noch nicht selbst schützen. Mamas »Rockzipfel« ist ihre Lebensversicherung. Entscheidend ist, wie Sie mit der Angst Ihres Kindes umgehen. Davon hängt ab, ob es sich weiterentwickelt, allmählich weniger Situationen als bedrohlich empfindet, mutiger und unabhängiger wird – oder ob es in einen Kreislauf von Angst und Vermeidung gerät und seinen Lebensraum dadurch immer mehr einengt.

Allein im Raum bleiben

> **Nicolas** (2 Jahre) ist »wie eine Klette«. Seine Mutter sagt: »Ich kann mich nicht in Ruhe anziehen oder duschen, ich kann nicht einmal zum Klo gehen. Nicolas fängt sofort an zu schreien, wenn ich mich ein paar Schritte wegbewege, und erst recht, wenn ich den Raum verlasse.«

Solche Berichte höre ich sehr oft von jungen Eltern. Aber braucht ein ein- bis zweijähriges Kind denn wirklich ständig die unmittelbare Gegenwart von Mutter oder Vater?

> **Nicolas' Mutter** berichtete mir, wie sie das Problem »gelöst« hatte: Sie bot ihrem Zweijährigen ständigen Körperkontakt an. Das ging so weit, dass er sich auf ihren Rücken setzte, während sie auf den Knien durch die Wohnung rutschte, um sauberzumachen. Damit tat sie ihrem Sohn auf Dauer nichts Gutes. Nicolas konnte sich nicht altersgerecht entwickeln, weil seine Mutter ihn immer noch wie ein Baby behandelte. Sobald er nicht ihre körperliche Nähe spürte, glaubte er in Gefahr zu sein, er bekam Angst und fing an zu schreien.

SCHLAFENGEHEN

Viele Kinder unter drei Jahren wollen abends nicht allein in ihr Bett oder wachen nachts auf und wandern ins Elternbett. Zu den Themen Schlafen und nächtliche Ängste finden Sie viele Informationen ab Seite 96 und ab Seite 104.

Nicolas' Angst wurde eigentlich durch einen Fehlalarm in seinem Gehirn ausgelöst (siehe Kasten unten): In Wirklichkeit war er gar nicht in Gefahr. Seine Mutter war ja bei ihm, ganz in seiner Nähe. Aber sie nahm ihren kleinen Sohn jedes Mal sofort auf den Arm, sobald er anfing zu schreien. So konnte Nicolas nicht die Erfahrung machen, dass seine Mutter auch ohne ständigen Körperkontakt für seinen Schutz und seine Sicherheit sorgte. Er konnte nicht lernen, dass er nicht in Gefahr war, wenn sie sich ein paar Meter entfernt von ihm aufhielt. Nicolas bekam zwar, was er wollte, aber es war nicht das, was er brauchte. Denn schließlich war er mit seinen zwei Jahren kein hilfloses Baby mehr. Letztendlich hinderte ihn seine Mutter selbst daran, den nächsten Entwicklungsschritt zu machen und selbstständiger zu werden.

DIE »INNERE ALARMANLAGE« – WIE DIE ANGST GEREGELT WIRD

Ein Teil des Gehirns erfüllt die Aufgabe einer inneren Alarmanlage. Er liegt mitten im Gehirn, hat die Form einer Mandel und heißt deshalb »Mandelkern«, in der Fachsprache »Amygdala«. Werden dem Gehirn gefährliche Reize gemeldet, schlägt die Amygdala blitzschnell Alarm. Bevor das Kind weiß, was los ist, reagiert sein Körper: Die Stress-Hormone im Blut steigen. Das Kind hört sofort mit dem auf, was es gerade tut. Sein Gehirn wird sehr aktiv. Die Muskelspannung steigt, der Puls schlägt schneller. So fühlt sich Angst an. Das Kind ist bereit zum Hilfeschrei, zum Kampf, zur Flucht oder zum Rückzug. Erst dann dringt der Reiz ins Bewusstsein vor.

Ein anderer Teil des Gehirns, die als Großhirn bezeichneten grauen Zellen, bewertet die Situation und vergleicht sie mit früheren Erfahrungen. Die Bewertung »nicht gefährlich« bedeutet »Entwarnung«. Wird nun Entwarnung gegeben, beruhigt sich die Amygdala, die Angst verschwindet. Bei der Bewertung »gefährlich« bleibt die Angst bestehen.

Bei vielen kleinen Kindern ist die »Alarmanlage« noch zu empfindlich eingestellt. Sie löst Fehlalarm aus bei einem Reiz, der gar nicht gefährlich ist, zum Beispiel wenn die Mutter nur kurz den Raum verlässt. Das Großhirn erkennt den Fehler nicht. Es bestätigt »Gefahr!«, und die Angst wird noch größer. Woher soll ein kleines Kind auch schon wissen, wann seine Angst es vor einer echten Gefahr schützt und wann es sich damit selbst im Weg steht? Sein Großhirn braucht noch viele Erfahrungen, bis es sicher zwischen »gefährlich« und »harmlos« unterscheiden kann.

Andere Bezugspersonen

Viele trennungsängstliche Kinder sind ganz auf eine Bezugsperson fixiert. Einen Babysitter akzeptieren sie nicht. Aber schon der »falsche« Elternteil kann heftige Trotzreaktionen auslösen: Manche Kinder protestieren sogar, wenn Mama den Raum verlässt, obwohl Papa bei ihnen ist – oder umgekehrt. Daraus entwickelt sich recht häufig das »Ich-will-Mama«- oder das »Ich-will-Papa«-Spiel: Das Kind will entscheiden, wer es auszieht, wickelt, füttert oder ins Bett bringt. Wenn der oder die »Falsche« es versucht und der »Richtige« den Raum verlässt, weint und schreit es herzzerreißend. Die meisten Eltern geben dann nach. Trennungsangst wollen sie ihrem Kleinen nicht zumuten. Aber hat das Kind tatsächlich Angst, oder will es mit einer Trotzreaktion einfach seinen Willen durchsetzen?

Die Grenze zwischen »Ich habe Angst« und »Ich will nicht« ist fließend. Was geht in einem zweijährigen Kind vor, das von seinem Papa ins Bett gebracht wird, obwohl es nach der Mama weint? Möglicherweise fühlt es sich in diesem Moment tatsächlich ängstlich und von seiner Mama verlassen. Sein inneres Warnsystem zeigt »Gefahr« an (siehe Seite 84). Aber es handelt sich eindeutig um einen Fehlalarm: Auch der Vater kann schließlich sein Kind beschützen und ihm Liebe und Geborgenheit geben. Auch der Vater kann sein Kind versorgen und ins Bett bringen!

Wie Sie Ihrem Kind vermitteln können, dass es bei seinen beiden Eltern in Sicherheit ist, lesen Sie auf der nächsten Seite.

Spielgruppe und Kindertagesstätte

Auch die gleichaltrigen Kinder in einer Spielgruppe oder in der Kindertagesstätte können Angst machen, solange die Situation noch ungewohnt ist. Wenn Sie mit Ihrem Kind zum ersten Mal eine solche Gruppe besuchen, kann es sein, dass es sich an Ihnen festklammert, weint oder trotzt. Mit gerade zwei Jahren ist Ihr Kind vielleicht noch überfordert damit, sich immer wieder neu auf so eine unübersichtliche Gruppe einzustellen. Aber deshalb nicht mehr hingehen? Damit würden Sie Ihrem Kind möglicherweise keinen wirklichen Gefallen tun.

TIPP: »Ich brauche euch beide!«

Wer von den Eltern welche Aufgaben übernimmt, sollte nicht vom ängstlichen Weinen des Kindes abhängen. Es ist gut für das Kind, wenn es bei beiden Eltern das Gefühl von Sicherheit und Geborgenheit entwickeln kann. Dafür braucht es viele Erfahrungen mit beiden Eltern.

So gewinnt Ihr Kind Vertrauen

Kleine Kinder brauchen die Nähe der Eltern und die Sicherheit, dass jemand da ist. Ein zweijähriges Kind allein in einem Zimmer spielen zu lassen, womöglich mit geschlossener Tür, wäre viel zu viel verlangt. Aber Sie müssen Ihr Kind nicht in jeden Raum mitnehmen, schon gar nicht auf dem Arm. Ab Mitte des zweiten Lebensjahres ist es kein hilfloses Baby mehr: Es kann laufen oder zumindest krabbeln. Wenn es will, kann es nachkommen.

Bleiben Sie in Sichtweite

Bleiben Sie mit Ihrem Kind in Kontakt: Lassen Sie die Tür auf, reden Sie mit ihm, bleiben Sie in Sichtweite, während Sie kurz den Raum verlassen. Sollte einmal eine Auszeit (siehe Seite 44) notwendig sein: Achten Sie bei Ihrem zwei- bis dreijährigen Kind darauf, dass Sie während der Auszeit in Sichtkontakt bleiben!

Gewöhnen Sie Ihr Kind an andere Bezugspersonen

Kleine Kinder sind oft sehr auf ihre engste Bezugsperson fixiert – meist die Mutter. Deshalb sollte der Papa möglichst oft die Gelegenheit bekommen, dem Kind zu zeigen, dass es bei ihm ebenfalls in Sicherheit ist. Je öfter er das tut, desto schneller verschwindet die Angst, von der Mutter getrennt zu sein. Ganz einfach ist das nicht: Papa muss einige Male durchhalten, geduldig, ruhig und fest zu bleiben, obwohl sein Kind ihn zurückweist und schreiend nach der Mama verlangt. Wenn er jetzt nachgibt und sich resigniert zurückzieht, bleibt die Trennungsangst bestehen. Vielleicht wird sie sogar größer. Auch der umgekehrte Fall kommt vor: »Ich will Papa!« – und geweint wird bei Mama. Mit einer »Bevorzugung« von Mama oder Papa hat das in der Regel nichts zu tun, eher mit Gewohnheit: Das Kind wünscht sich einfach die Person, die ihm am meisten vertraut ist. Zum Glück kann es Vertrauen lernen – durch gute Erfahrungen.

Ähnliches gilt für die Betreuung durch einen Babysitter: Wenn Sie jemanden gefunden haben, auf den Sie sich verlassen können und der liebevoll mit Ihrem Kind umgeht, können Sie es ruhig ab und zu für einige Zeit in seine Obhut geben, auch wenn es weint.

TIPP: Es liegt in Ihrer Hand
Entscheiden Sie als Eltern, was gut für Ihr Kind ist. Das kann zunächst etwas anderes sein als das, was Ihr Kind gerade will.

Dabei hilft es sehr, wenn die beiden schon miteinander vertraut sind, bevor Sie sie zum ersten Mal für mehrere Stunden allein lassen. Die Trennung ist zwar schmerzhaft für Ihr Kind, es macht aber jedes Mal die Erfahrung, dass Sie wiederkommen. Dadurch wird die Trennung nach und nach weniger bedrohlich. Es wäre nicht richtig, wenn Sie mit Rücksicht auf Ihr Kind immer zu Hause blieben. Damit würden Sie seine Entwicklung nicht fördern, sondern behindern – abgesehen davon, dass Sie sich »eingesperrt« fühlen und Ihr Kind das auf irgendeine Art spüren lassen würden.

Gewöhnen Sie Ihr Kind an andere Kinder

Was tun, wenn Ihr zweijähriges Kind schon beim ersten Besuch nicht in der Spielgruppe bleiben will, wenn es sich bei Ihnen anklammert und weint? Nicht mehr hingehen? Das wäre keine gute Idee. Es kann ja sein, dass es sich beim zweiten oder dritten Mal an die Umgebung gewöhnt und sich doch noch von Ihnen löst. Wenn Ihr Kind aber nach vier bis fünf Wochen immer noch weint, könnte eine Pause angebracht sein. Sie müssen nichts erzwingen, was Ihr Kind noch überfordert und ihm dadurch mehr Stress als Freude bereitet. Aber spätestens kurz vor dem Kindergarteneintritt sollten Sie einen neuen Anlauf wagen. Jetzt braucht Ihr Kind Lernerfahrungen wie diese: »Eine Gruppe mit anderen Kindern ist unübersichtlich, aber nicht gefährlich. Mir passiert nichts. Ich fühle mich immer sicherer.« Diese Erfahrung kann es nur machen, wenn Sie nicht aufgeben. Selbst vom Zuschauen von Ihrem sicheren Schoß aus profitiert es.

Immer mehr Kinder besuchen schon vor Ende des dritten Lebensjahres eine Kindertagesstätte. Der wichtigste Unterschied zu Spielgruppen: Diese finden in der Regel nur einmal pro Woche statt, und eine Woche später fühlt sich die Situation schon wieder neu und fremd an. In die Kita gehen die Kinder dagegen täglich, und sie haben dort ihren vorhersehbaren Tagesablauf. So können sich auch trennungsängstliche Kinder viel besser an eine Gruppe mit mehreren Kindern gewöhnen. Die Unterbringung in einer guten Kindertagesstätte ist auch für Kinder unter drei zumutbar, selbst wenn sie sich anfangs nur schwer trennen können.

ANDERE LÄNDER, ANDERE SITTEN

In vielen anderen Ländern, etwa Frankreich, gehen viel mehr Kinder unter 3 in Kindertagesstätten, ohne dass es für ihre Entwicklung Nachteile gibt. Jedem Kind steht ein Betreuungsplatz zu. Kaum eine französische Mama käme auf die Idee, ein schlechtes Gewissen zu haben, weil ihr Zweijähriges eine Kindertagesstätte besucht. Daher haben die Franzosen auch viel mehr Lust auf Kinder! Während im Jahr 2009 eine Frau in Deutschland im Durchschnitt 1,3 Kinder bekam, waren es in Frankreich 2,0.

»Ich trau mich nicht!«
Angst im Kindergartenalter

Mit spätestens drei Jahren kommen die meisten Kinder in den Kindergarten. Nun sollen sie mehrere Stunden täglich ohne ihre Eltern klarkommen, viele neue Kinder kennenlernen und sich den fremden Erzieherinnen anvertrauen. Aber auch Musikschule oder Turngruppe finden ab jetzt ohne Eltern statt. Die Trennungsangst, die beim jüngeren Kind normal und akzeptabel war, kann nun zum echten Problem werden. Hier erfahren Sie, was es damit auf sich hat und wie Sie Ihrem Kind Mut machen können.

Schüchternheit – angeboren und anerzogen

Warum will manch ein Kind morgens einfach nicht in den Kindergarten? Was tun, wenn es weint und sich heftig wehrt? Was tun, wenn es so schüchtern ist, dass es gar nicht mit den anderen Kindern redet oder spielt? Wenn es nirgendwo ohne die Eltern bleiben will? Und wie ist es zu erklären, wenn ein Kind ohne seine Eltern oder in fremder Umgebung immer noch so ängstlich und schüchtern ist, obwohl es zu Hause unbekümmert, laut und vielleicht sogar »rotzfrech« erscheint?

Für Schüchternheit und soziale Ängste gibt es mehrere Ursachen, die sich gegenseitig beeinflussen. Zwillingsstudien haben gezeigt: Eineiige Zwillinge sind sich in Bezug auf Sozialangst und Schüchternheit ähnlicher als zweieiige. Das zeigt, dass Vererbung und biologische Faktoren eine wichtige Rolle spielen. Schüchterne und gehemmte Kinder können mit neuen, schwer einzuschätzenden Situationen nicht so gut umgehen. Ihre Angstschwelle ist sehr niedrig. Das auf Seite 84 beschriebene Warnsystem, die »Amygdala«, wittert bei ihnen in einer eigentlich harmlosen sozialen Situation Gefahr und schlägt Alarm. Darauf müssen sie reagieren.

> **TIPP: Den Fragebogen nutzen**
> Im Fragebogen ab Seite 28 können Sie den Abschnitt »Selbstvertrauen« ausfüllen und auswerten. So bekommen Sie einen Anhaltspunkt, wo Ihr Kind in dieser Hinsicht steht.

Drei mögliche Angstreaktionen

Bei Angst gibt es drei Möglichkeiten zu reagieren: kämpfen, fliehen oder »sich unsichtbar machen«. Eine naheliegende Reaktion ist der Kampf. Sie erleben ihn, wenn Ihr Kind schreit und sich mit aller Kraft wehrt, etwa wenn es allein in der Turngruppe oder bei einem Spielkameraden bleiben soll. Aber auch Flucht kommt in Frage: Kaum »abgeliefert«, läuft es weg und rennt Ihnen hinterher. Wenn das nicht möglich ist, bleibt nur noch die stumme Verweigerung: nicht reden, nicht mitmachen, »sich unsichtbar machen«. Alle drei Reaktionen kommen bei schüchternen und sozial ängstlichen Kindern häufig vor.

Kinder mit dieser Veranlagung haben es ein bisschen schwerer als andere. Ihre Eltern auch. Es ist nicht leicht, mit den heftigen Trotzreaktionen eines Kindes umzugehen, das aus Angst vor einer ungewohnten Situation lautstark Widerstand leistet oder wegläuft. Aber auch das »Unsichtbarmachen« ist schwer auszuhalten.

Schließlich wünschen sich alle Eltern Kinder, die selbstbewusst und unbefangen auf andere zugehen, statt mit gesenktem Blick stumm in der Ecke zu sitzen. Aber mal ehrlich: Waren Sie als Kind immer voller Selbstvertrauen? Oder mussten Sie selbst vielleicht auch erst lernen, soziale Ängste zu überwinden? Ein schüchternes Kind hat sehr wahrscheinlich zumindest einen Elternteil, der früher ähnliche Probleme hatte. Selbstvertrauen kann sich im Laufe des Lebens noch entwickeln. Das hängt ganz entscheidend von den kommenden Erfahrungen ab.

Schüchternheit hat auch Vorteile

> **Tims Mutter** berichtet: »Mein Sohn hat zwei total unterschiedliche Persönlichkeiten! Niemand glaubt mir, was zu Hause bei uns los ist. Woanders ist er das liebste Kind! Obwohl Tim sich zu Hause oft respektlos und rotzfrech benimmt, hält er sich im Kindergarten oder in fremder Umgebung an die Regeln. Dort ist er höflich und freundlich.«

Tims Beispiel zeigt eine positive Kehrseite der Schüchternheit: Bei vielen Kindern übernimmt sie die Rolle der »inneren Bremse«, welche ihnen zu Hause fehlt. Im vertrauten Rahmen fühlen sie sich sicher, aber woanders befürchten sie, unangenehm aufzufallen oder zum Außenseiter zu werden. Deshalb passen sie sich an. Diese »Schüchternheitsbremse« wirkt segensreich, wenn sie die Impulsivität eines Kindes in Maßen »herunterregelt«. Wenn sie jedoch zu heftig wirkt und außerhalb von zu Hause zu einer totalen Hemmung führt, kann man natürlich nicht mehr von einem positiven Effekt reden.

Erfahrungen, die schüchtern machen

Die Veranlagung erklärt nur einen Teil der individuellen Unterschiede zwischen den Kindern, auch was Schüchternheit betrifft. Eine ähnlich wichtige Rolle spielen die Lernerfahrungen, zum Beispiel das elterliche Vorbild. Ein sehr wichtiger erzieherischer Einfluss kommt hinzu: Sehr oft unterstützen die Eltern das Vermeidungsverhalten ihres Kindes. Davon wird die Angst leider nicht geringer. Im Gegenteil – sie wächst.

TIPP: Neue Situationen zumuten

Jedes Kind muss lernen, neue Situationen zu meistern. Wer einmal eine schwierige Situation erfolgreich vermieden hat und die Angst so beenden konnte, wird das beim nächsten Mal noch nachdrücklicher versuchen.

Einige Eltern meinen es so gut mit ihrem Kind, dass sie es vor allem Unangenehmen bewahren wollen. Alles, was Überwindung kostet, nicht sofort gelingt oder keinen Spaß macht, braucht es nicht zu tun. Wenn so ein Kind in eine neue Umgebung kommt, zum Beispiel in den Kindergarten, stellt es plötzlich fest: »Hier kann ich ja gar nicht alles kontrollieren! Hier macht nicht jeder, was ich will!« Darauf ist es nicht vorbereitet. Konflikte zu bewältigen und unangenehme Situationen auszuhalten hat es nicht gelernt. Es fühlt sich unsicher und beginnt zu kämpfen: »Da ist es blöd! Da will ich nicht hin!« Bringen die Eltern es dann trotzdem hin, weint und schreit es vor Angst. Je impulsiver es ist, desto heftiger. Was werden nun gerade solche Eltern tun, die ihrem Kind nichts Unangenehmes zumuten? Sie werden geneigt sein zu sagen: »Gut, mein armes Kind, dann bleibst du heute eben mal zu Hause« – und es wieder mitnehmen. Wird das Kind am nächsten Tag gern in den Kindergarten gehen? Natürlich nicht. Es hat noch mehr Angst als vorher. Der Kreislauf geht weiter. Im schlimmsten Fall wendet das Kind die erlernte Methode auch später noch an, wenn es in die Schule kommt.

WER IST DER BOSS?
Ein Kind, das alles darf und nie etwas muss, kennt nur die »Ich-will-Kiste« (siehe ab Seite 23). Es ist der »Chef«, hat alle im Griff. Diese Art von Erziehung kann auch Angst und Verweigerung zur Folge haben.

Machen Sie Ihrem Kind Mut!

Was tun, wenn ein Kind einfach nicht in den Kindergarten gehen will? Wenn es herzzerreißend weint, entweder schon am Abend vorher, oder bei der Trennung? Wenn es immer wieder sagt: »Da gehe ich aber nicht hin!«? Was können Sie tun, um Ihrem Kind den großen Schritt zu erleichtern, wenn es Angst davor hat?

Hilfen für schüchterne »Trotzköpfe«

> Akzeptieren Sie bei Ihrem Kind Trennungsangst und Schüchternheit als etwas Normales.
> Nehmen Sie Ihr Kind mit seiner Angst an – auch dann, wenn es weint, trotzt oder sich verweigert.
> Bringen Sie Ihr Kind in zumutbaren kleinen Schritten immer wieder in Situationen, vor denen es Angst hat. Die Voraussetzung ist, dass diese Lernerfahrungen für seine Entwicklung wichtig sind und ihm keinen Schaden zufügen können.

So klappt der »große Sprung«

Sie als Eltern können vieles tun, um Ihrem Kind den Schritt in den Kindergarten gezielt zu erleichtern, ihm etwas von seiner Angst zu nehmen und ihm Mut zu machen:

> **Ihr Kind vorbereiten:** Es hilft, wenn Ihr Kind schon vor dem Kindergarten öfter mit anderen Kindern zusammen war. Dafür bietet sich eine Spielgruppe an oder ein privater Kreis mit Verwandten oder Freunden und deren Kindern. Viele Kindergärten bieten auch Kennenlern-Tage an, sowohl mit als auch ohne Eltern. Nutzen Sie sie!

> **Ein Abschiedsritual einführen:** Eine feste und vorhersehbare Struktur gibt Ihnen und Ihrem Kind Sicherheit. Ein gemeinsames Spiel im Kindergarten oder ein kleines Puzzle als Ritual vor dem Abschiedskuss, das sind sehr hilfreiche Angebote für Ihr Kind – aber nur, wenn der Umfang von Anfang an ganz klar feststeht und nicht je nach Stimmung Ihres Kindes täglich neu ausgehandelt wird.

> **Selbst loslassen:** Auch für Sie ist es neu und ungewohnt, Ihr Kind für einige Stunden im Kindergarten abzugeben. Wenn es bei der Trennung klammert und weint, wird Ihnen das nicht ganz leicht fallen. Wenn Sie selbst Sicherheit ausstrahlen, macht das Ihrem Kind Mut. Was gibt Ihnen Sicherheit? Zunächst einmal müssen Sie dem Kindergarten und den Erzieherinnen vertrauen. Während der nächsten paar Stunden sind Sie nicht dabei. Sie können nicht die Konflikte Ihres Kindes lösen, ihm bei seiner Angst nicht beistehen. Das müssen Sie aushalten. In dem Moment, in dem Sie Ihr Kind im Kindergarten abgeben, geben Sie auch die Verantwortung ab. Wenn Ihr Kind weint, sind die Erzieherinnen gefragt, sich etwas einfallen zu lassen. Und das werden sie auch tun, darauf können Sie sich verlassen. Sie bleiben schließlich in engem Kontakt mit ihnen. Sie müssen sich trennen und loslassen. Vielleicht ist es für Sie genauso schwer wie für Ihr Kind. Zeigen Sie Ihrem Kind, dass Sie das schaffen. So machen Sie ihm die Trennung leichter.

> **Mit dem Kindergarten zusammenarbeiten:** Bei den meisten Kindern ist der Trennungsschmerz kurz und heftig. Wenn Ihr

---

TIPP: Der Kindergarten als Pflicht

Gerade für ängstliche Kinder ist der tägliche Besuch des Kindergartens wichtig. Ihr Kind sollte nur zu Hause bleiben, wenn es krank ist oder ein anderer Grund dies unbedingt erfordert.

Kind auch nach Wochen noch lang anhaltend weint, stimmt irgendetwas nicht. In einer solchen Situation ist eine sehr enge Zusammenarbeit mit dem Kindergarten erforderlich. Das Problem muss dort gelöst werden. Ihr Kind muss sich dort wohl fühlen. Wenn Sie gar kein gutes Gefühl haben, was das Engagement und Einfühlungsvermögen der Erzieherinnen angeht, kann in seltenen Fällen auch einmal ein Kindergartenwechsel angebracht sein.

> **Eine Geschichte erzählen:** Auch Bilderbücher oder kleine Geschichten können bei der Vorbereitung auf den Kindergarten helfen. Ich arbeite bei ängstlichen Kindern sehr gern mit »therapeutischen Geschichten«. Auf Seite 94 und 121 werden Sie zwei Beispiele finden. In jeder dieser Geschichten wird das spezielle Problem des Kindes zum Thema gemacht, und am Ende wird eine Lösung angeboten. Auch kleine Kinder finden sich sehr leicht in solchen Geschichten wieder. Meistens erzähle ich Geschichten von Tieren. Das schafft ein wenig Abstand zum Problem des Kindes und hilft ihm, die Lösung anzunehmen. Die beiden Geschichten in diesem Buch handeln von kleinen Mäusen. Jede Mäuse-Geschichte können und sollten Sie bei Bedarf ein bisschen verändern, sodass sie für Ihr Kind genauer passt. Die folgende Mäusegeschichte eignet sich für alle Kinder, denen der Kindergarten nicht ganz geheuer ist.

TIPP: Der richtige Kindergarten für Ihr Kind
Ein schüchternes Kind, das nicht von selbst auf andere zugeht, braucht Hilfe und Struktur. Es gibt große Tagesstätten mit mehr als 100 Kindern ohne feste Gruppen. In jedem Raum finden andere Aktivitäten statt. Die Kinder bewegen sich frei im ganzen Gebäude, entsprechend groß ist auch die Zahl der Bezugspersonen. Mit so einer Situation ist ein schüchternes, trennungsängstliches Kind überfordert. Es braucht ein »Nest«, einen Gruppenraum zum Wohlfühlen und »seine« Erzieherin, die es an die Hand nimmt und mit anderen Kindern zusammenbringt.

MUTMACH-GESCHICHTE: TONI, LUCA UND DER KINDERGARTEN

Es waren einmal zwei Mäuschen: Luca und Toni. Sie wohnten im selben Wald und waren ganz normale Mäusekinder mit einem schönen weichen Fellchen und einem spitzen Schnäuzchen und ganz winzigen Mäusezähnchen. Beide lebten glücklich und zufrieden bei ihren Familien im Mäusehaus. Sie konnten den ganzen Tag im Wald spielen und toben und machen, wozu sie Lust hatten. Eines Tages wurden Luca und Toni von ihren Mäusemamas geweckt. »Aufstehen, Luca! Ich bringe dich in den Mäusekindergarten!«, rief Lucas Mama. Luca hüpfte begeistert auf ihren kleinen Mäusepfoten herum und piepste: »Jippie, endlich kann ich in den Kindergarten! Jippie, da ist es total super!« Schwupps, war sie angezogen, und dann raste sie los, dass die Mäusemama kaum hinterherkam. »Halt, warte auf mich, ich kann nicht so schnell«, rief die Mama. Aber

Luca konnte es gar nicht abwarten, und sie flitzte vor bis zum Kindergartentor. Am selben Tag rief auch Tonis Mama: »Aufstehen, Toni! Heute ist der große Tag! Ich bringe dich in den Kindergarten!« Aber Toni wollte nicht aufstehen. Und sie wollte erst recht nicht in den Kindergarten. »Ich will nicht«, piepste Toni. »Ich kenne das doch alles nicht! Du musst bei mir bleiben!« – »Jetzt zieh dich erst mal an«, sagte Tonis Mama freundlich. »Es tut mir leid, dass das mit dem Kindergarten so schwer für dich ist. Ich bringe dich auch rein und mache noch ein Puzzle oder ein Spiel mit dir, bevor ich gehe.« Tonis Mama musste Toni beim Anziehen helfen. Toni flitzte gar nicht so schnell wie Luca, sondern ging so langsam sie konnte neben ihrer Mama her. »Du musst aber bei mir bleiben«, piepste sie immer wieder. Ihre Mama sagte nicht viel, sie streichelte nur ab und zu über ihr weiches Fellchen. Als sie im Mäusekindergarten angekommen waren, klammerte sich Toni ganz fest an ihre Mama. Die Mama ging mit ihr zusammen hinein und machte mit ihr ein Puzzle von einem großen bunten Schmetterling. Dann sagte sie: »So, mein Schatz, ich gehe jetzt. Gleich hole ich dich wieder ab. Mach's gut.«

Sie gab Toni noch ein Küsschen – und schon war sie draußen. Tonis Schnäuzchen zitterte. In ihren kleinen schwarzen Mäuseaugen glitzerten ein paar Tränchen. Sie fühlte sich ziemlich allein. Sie kannte doch niemanden hier! Am liebsten hätte sie laut losgeweint. Da kam eine ganz nette große Maus, die nahm sie an die Hand und sagte: »Hallo Toni, ich bin Pia. Ich zeige dir, was du hier alles machen kannst.« Toni war es immer noch nach Weinen zumute. Aber sie guckte sich alles an. Sie sah die anderen Mäuse spielen und toben und hörte sie fröhlich piepsen. Alles war ihr ein bisschen fremd und unheimlich. Da entdeckte sie Luca. Mit Luca hatte sie schon mal im Wald gespielt.

Luca sagte gerade zu ihrer Mama: »Mama, wann gehst du endlich? Ich will doch jetzt mit den anderen Mäusen spielen!« Und dann stupste sie ihre Mama mit ihrem spitzen Schnäuzchen zum Tor. Toni staunte. Da kam Luca zu ihr und sagte: »Dich kenne ich doch! Komm, wir bauen was zusammen!« Auf einmal ging alles ganz leicht. Toni baute was mit Luca, und sie fand den Kindergarten schon gar nicht mehr so unheimlich. Dann malte sie ein bisschen, dann lief sie mit den anderen Mäusen draußen herum und schaute zu, wie sie zusammen mit der großen Pia-Maus ein paar Mäusespiele machten. Bei dem Lied »Mäuschen in der Grube« piepste sie ganz leise mit, das kannte sie nämlich schon. Da stand auch schon die Mama in der Tür und wollte Toni abholen. Toni sprang ihr fröhlich entgegen. Sie fühlte sich richtig groß und mutig. Den ganzen Vormittag hatte sie es ohne ihre Mama geschafft. »Morgen male ich wieder ein Bild«, sagte sie beim Rausgehen. Die Mama strahlte und gab ihr einen zarten Mäusekuss auf das kleine weiche Schnäuzchen.

Tonis Mama in der Mäusegeschichte zeigt, wie es gehen könnte. Sie bleibt gelassen, nimmt Tonis Gefühle ernst, redet wenig und bietet ein Abschiedsritual an. Genauso können Sie nun mit Ihrem Kind üben, seine Trennungsangst und Schüchternheit allmählich zu überwinden. Sie handeln wie Tonis Mama. Die Geschichte und das Üben mit Ihrem Kind gehören zusammen. Passend zu Ihrem Kind sind die Mäuschen entweder Mäusejungen oder Mäusemädchen. Wenn Sie einen Sohn haben, ändern Sie die Geschichte entsprechend.

»Da krieg ich Panik!«
Angstfantasien und Phobien

Bei Angstfantasien wird im Gehirn »Alarm« ausgelöst, ohne dass es überhaupt einen aktuellen Reiz von außen gibt. Die betroffenen Kinder erfinden selbst, was ihnen Angst macht: Gedanken oder Fantasievorstellungen aktivieren das innere Alarmsystem (siehe Seite 84) und führen zu heftigen Angstreaktionen. Diese sind von Trotzreaktionen nicht immer leicht zu unterscheiden: Auch hier kommt es zu heftigem Schreien, lang anhaltendem Weinen, Anklammern oder Verweigern von alltäglichen Situationen.

Kindliche Phobien

Von einer Phobie spricht man, wenn jemand jedes Mal mit heftiger Angst oder Panik auf einen eigentlich harmlosen äußeren Reiz reagiert. Bestimmte Tiere, etwa Spinnen, Schlangen oder Hunde, aber auch laute Geräusche, Dunkelheit, Feuer, Fahrstühle, Enge, große Plätze, der Anblick von Blut und vieles mehr können phobische Reaktionen hervorrufen, übrigens auch bei Erwachsenen. Recht oft stehen Phobien im Zusammenhang mit einem besonders belastenden oder sogar traumatischen Erlebnis. Dann gerät ein Kind schon in Panik, wenn es in irgendeiner Weise an das schlimme Ereignis erinnert wird.

Wenn das »Alarmsystem« keine Ruhe gibt

Bei vielen Kindern geht die Angstreaktion im Laufe der Zeit zurück. Wenn längere Zeit nichts Gefährliches mehr passiert, wird der Reiz vom inneren Alarmsystem wieder als harmlos eingestuft. Bei einigen Kindern schlägt die Amygdala (siehe Seite 84) aber nach langer Zeit immer noch Alarm – besser gesagt: Fehlalarm. Vielleicht ist das Alarmsystem des Kindes grundsätzlich sehr empfindlich, die Angstschwelle also besonders niedrig. Oder das Ereignis war besonders schlimm, verbunden mit heftigen Schmerzen oder großer Angst. Wenn beides zusammenkommt, ist es am wahrscheinlichsten, dass eine dauerhafte Angstreaktion entsteht.

> **Janina** (5 Jahre) erlebte genau so etwas. Sie kam zu mir in die Praxis, weil sie panische Angst vor Luftballons hatte. Das ging so weit, dass sie sich weigerte, sich einem Haus zu nähern, in dem Luftballons sein könnten: der Kindergarten, die Schule ihrer Schwester, die Wohnungen ihrer Spielkameraden ... Auch Luftballons in der Fußgängerzone lösten bei ihr Panik aus. Alles hatte mit einem belastenden Erlebnis angefangen: Als Janina noch nicht zwei Jahre alt war, war sie bei einer Geburtstagsfeier zusammen mit einem älteren Jungen in einem Raum. Dort waren aufgeblasene Luftballons, und der Junge begann, einen nach dem anderen zu zertreten. Janina bekam bei dem lauten Knallen fürchterliche Angst. Sie konnte die Tür nicht öffnen, dafür war sie zu klein. Sie konnte nicht fliehen, nur schreien.

SCHLIMME ERINNERUNGEN

Ein Kind, das einmal von einem Hund gebissen wurde, kann schon Angst beim Anblick eines Hundes in einem Bilderbuch bekommen. Ein Kind, das ein Feuer miterlebt hat, gerät vielleicht bereits in Panik, wenn es Wasserdampf in der Küche sieht.

Janina übte zunächst in meiner Praxis, zu Hause mit den Eltern wurden die »Luftballonübungen« jeden Tag weitergeführt. Anfangs musste sie lernen, den Anblick von zunächst kleinen und später immer dicker aufgeblasenen Luftballons auszuhalten. Dann übte sie, sie selbst aufzublasen, die Luft herauszulassen und sie fliegen zu lassen. Am Ende schaffte sie es, die Luftballons selbst zum Platzen zu bringen. Die Phobie war besiegt. Luftballons machten Janina keine Angst mehr.

Angst vor der eigenen Vorstellung

»BLÜHENDE FANTASIE«
Gerade sehr kreative Kinder werden oft von den grässlichsten Fantasiewesen geplagt.

Kinder im Trotzalter haben sehr oft eine überschäumende Fantasie. Meist wissen sie genau, dass die Angst machenden Bilder ihrer Fantasie entspringen. Das nützt ihnen allerdings nicht viel, weil die Angst trotzdem bleibt. Jüngere Kinder können manchmal noch nicht so gut zwischen Fantasie und Wirklichkeit unterscheiden. »Verrückt« sind die Kinder natürlich trotz ihrer Angstfantasien keinesfalls, wie das folgende Beispiel zeigt.

> **Mona** (5 Jahre) hatte Angst vor einem scheußlichen schwarzen Monster, das tagsüber und natürlich besonders abends und nachts jederzeit auftauchen konnte. Sie beschrieb es mir ganz genau: »Es ist groß, viel größer als ich, und dick. Es hat schwarzes, zotteliges Fell. Darunter sieht man die glibberige Haut. Die Haare hängen über den schwarzen Augen. Es stinkt nach vergammeltem Fisch. Hände und Arme hat es nicht. Aber einen rosa Mund mit spitzen Zähnen. Ich habe Angst, dass es mich mitnimmt in seine Monsterhöhle.«

Das Monster erschien zu jeder Tageszeit. Besonders schlimm war es abends und nachts. Dann hatte Mona das Gefühl, dass es wahrhaftig vor ihr stand. Sie weinte jeden Abend, klammerte sich an ihre Mama und weigerte sich, ins Bett zu gehen. Mona war ein sehr sensibles, kreatives Mädchen mit einer außergewöhnlichen Vorstellungskraft. Genau das war ihr zum Problem geworden. Was lag da näher, als im Problem selbst die Lösung zu suchen? Ich bat Mona, das Monster in meine Praxis zu »bestellen«. Das gelang ihr mühelos. Sie beschrieb, wie es zottelig und glibberig neben meiner großen Zimmerpflanze stand und diese sogar noch überragte.

Ich konnte sehen, wie Mona sich verkrampfte. Ich fragte sie, ob sie das Monster schrumpfen lassen könnte, vielleicht auf die Größe einer Katze oder einer Maus. Das klappte nicht so gut. Deshalb sollte sie probieren, die Farbe des Fells zu verändern. Ich schlug Weiß statt Schwarz vor. Mona entspannte sich etwas. Das Monster sah schon viel weniger bedrohlich aus.

Ich ließ sie noch weitere Farben ausprobieren. Plötzlich strahlte Mona übers ganze Gesicht. »Pink!«, sagte sie. Das war es. Wir gingen zusammen zu der Stelle, wo Mona das Monster »hingestellt« hatte. Ich bat sie, das pinkfarbene Fell nun einmal vorsichtig zu berühren. »Es fühlt sich jetzt ganz weich und flauschig an«, flüsterte Mona. »Und es duftet nach Rosen!«

So bewältigt Ihr Kind seine Angst

Durch den einfachen Vorschlag, die Farbe zu verändern, hatte sich Monas Monster in ein freundliches Kuscheltier verwandelt. Mona konnte diese Verwandlung nun jederzeit selbst vornehmen. Wir gingen noch einen Schritt weiter: Mona kam auf die Idee, ihr neu erfundenes großes freundliches pinkfarbenes Monster zu Hilfe zu holen, wenn sie vor etwas Angst hatte. Dazu malte sie Bilder: Auf ein kleines Blatt eins vom schwarzen Scheusal, dann auf ein riesiges Blatt eins von ihrem freundlichen Flauschmonster in Pink. So hatte sie ihre Angstfantasie dauerhaft bewältigt.

Kinder mit Angstfantasien und Phobien müssen lernen, sich mit genau den Situationen auseinanderzusetzen, die für sie so schwierig oder unheimlich sind. Es hilft nichts, die Fantasiewesen »wegzudiskutieren«, für Ihr Kind sind sie echt und bedrohlich.

Sich dem, wovor man am meisten Angst hat, zu stellen, erfordert viel Geduld. Wenn es zu Hause nicht klappt, hilft eine Verhaltenstherapie bei einem Kinderpsychotherapeuten.

GU-ERFOLGSTIPP:

DIE ANGSTFANTASIE VERÄNDERN

Wenn Ihr Kind vor seinen eigenen Fantasiebildern Angst hat, nutzen Sie doch seine Vorstellungskraft. Lassen Sie sich sein Fantasiebild genau beschreiben. Dann schlagen Sie Ihrem Kind verschiedene Möglichkeiten zur aktiven Veränderung vor. Einige Beispiele:

> Möchtest du es kleiner werden lassen?
> Möchtest du ihm eine andere Farbe geben?
> Möchtest du ihm eine andere Stimme geben?
> Möchtest du es an einen anderen Ort gehen lassen?

Vor Überforderung schützen

Bei Mona (siehe Seite 99) war die Ursache für ihre Ängste nicht herauszufinden. Ihr zotteliges Monster schien einfach plötzlich da gewesen zu sein. Nicht selten werden Angstfantasien jedoch durch Bilder hervorgerufen, welche die Aufnahmefähigkeit der Kinder überfordern. Zwar erstaunt es mich immer wieder, wie »cool« mittlerweile auch kleine Kinder auf brutale Computerspiele und Filme reagieren. Manche haben sich aber ihre Sensibilität bewahrt. Einige werden von Szenen, die für sie zu gruselig oder zu brutal waren, regelrecht verfolgt.

Ersparen Sie Ihrem Kind beängstigende Bilder

Viele Filme, Videos und Computerspiele enthalten Szenen, die für Kinder unter sechs Jahren zu grausam, zu unheimlich oder zu brutal sind – auch wenn sie sich angeblich für dieses Alter eignen. Sensible Kinder können damit nicht umgehen und entwickeln Ängste. Akzeptieren Sie die Sensibilität Ihres Kindes und schützen Sie es vor Bildern, die es überfordern.

> **Deborah** (6 Jahre) ging es genau so. Sie war in einem der ab sechs Jahren freigegebenen »Harry-Potter«-Filme gewesen. Beim Anblick einer Riesenschlange, die in der Wasserleitung hauste und mit ihrem Blick töten konnte, war sie in Panik geraten. Besonders die fürchterlichen Augen der Schlange verfolgten sie jetzt. Deborah konnte nicht mehr allein ins Bad gehen, weil sie die Schlange vor sich aus dem Ausguss auftauchen sah. Abends beim Einschlafen hatte sie Angst, weil die bedrohlichen Augen vom Schrank aus auf sie gerichtet waren. Es gab täglich Tränen und Machtkämpfe.

Deborah konnte das Bild von der grauenvollen Schlange nicht so einfach verändern wie Mona ihr glibberiges Monster, denn dafür war es zu stark. Deborah brauchte für ihre Fantasie einen starken Verbündeten. Bald fanden wir auch einen, der ideal geeignet war: Sie ging regelmäßig zum Reiten und hatte dort ein Pony namens »Sternchen« ganz besonders in ihr Herz geschlossen. Sternchen war groß und stark, deshalb war das Pony sehr gut zu gebrauchen als Helfer gegen die schreckliche Schlange.

Ich fragte Deborah, was Sternchen wohl mit der Schlange machen würde. Ihre Antwort kam sofort: »Sternchen würde der Schlange mit ihren Hufen die Augen austreten.«

Auf ein riesiges Blatt malte Deborah diese ziemlich brutale Fantasie. Man sah richtig das Blut spritzen! Sie malte sich selbst dazu, direkt neben Sternchen. Das tat ihr gut. Sie sah sich nicht mehr als hilfloses Opfer, sondern war gemeinsam mit ihrem starken Verbündeten zum Sieger über die Schlange geworden.

Dann besprachen wir mit ihrer Mutter zusammen die nächsten Schritte: wie Deborah üben konnte, wieder länger allein im Bad und abends zum Einschlafen in ihrem Bett zu bleiben. Die Eltern brauchten dafür zunächst etwas Geduld: Deborah blieb anfangs nur wenige Sekunden lang allein im Bad. Allmählich konnte sie aber die Zeit steigern, bis sie schließlich wieder allein duschen, ihre Zähne putzen und zuletzt auch wieder allein ins Bett gehen konnte. Das gelang deshalb sehr gut, weil Deborahs Ängste durch die Fantasieübungen und ihren selbst gefundenen Verbündeten schon ein ganzes Stück geschrumpft waren.

TIPP: Seien Sie geduldig

Lassen Sie Ihrem Kind Zeit, seine Angst Schritt für Schritt zu bewältigen. Das geht meist nicht von heute auf morgen.

GU-ERFOLGSTIPP:

EINEN STARKEN HELFER ERFINDEN

Nutzen Sie die Vorstellungskraft Ihres Kindes dabei, einen »inneren Helfer« zu erfinden. Das kann eine Fantasiegestalt, ein Tier oder ein Fernsehheld sein. Der Helfer muss so stark und mächtig sein, dass er mit den Angstfantasien des Kindes fertigwerden kann.

Lassen Sie Ihr Kind malen, wie es zusammen mit seinem Helfer das, was ihm Angst macht, besiegt. Wenn Ihr Kind sich das Malen nicht zutraut, helfen Sie ihm dabei.

Es lohnt sich immer, die Fantasie und Vorstellungskraft des Kindes zu nutzen und ihm so bei der Bewältigung seiner Ängste zu helfen. In sehr schwierigen Fällen sind Eltern damit überfordert. Dann können sie sich Hilfe bei einem Kindertherapeuten holen.

TROTZ BEIM SCHLA-FEN, ESSEN UND SAUBERWERDEN

Mit unseren Regeln und Forderungen stoßen wir in diesen Bereichen an Grenzen. Letztlich bestimmt Ihr Kind allein, ob es schläft, isst und ausscheidet. Es ist sein Körper! Aber es braucht Ihre Unterstützung.

»Ich will nicht ins Bett!«
Schlafen lernen

Im Baby- und Kleinkindalter treten kindliche Schlafstörungen ganz besonders oft auf. Mit zunehmendem Alter werden sie zwar allmählich seltener, aber sie gehören im gesamten Trotzalter zu den häufigsten und am stärksten belastenden Verhaltensproblemen. Unter abendlichem »Theater« und nächtlichen Auseinandersetzungen leidet die ganze Familie. Wenn Ihnen klar ist, weshalb Ihr Kind schlecht schläft, haben Sie fast immer die Möglichkeit, ihm und damit auch sich selbst zu einem besseren Schlaf zu verhelfen.

HAT IHR KIND EIN SCHLAFPROBLEM?

Wenn Sie eine oder mehrere der folgenden Fragen mit »ja« beantworten, hat Ihr Kind ein Schlafproblem. Lösungen und hilfreiche Tipps finden Sie auf diesen Seiten.

❯ Gibt es zu Hause abends regelmäßig »Theater«, wenn Ihr Kind ins Bett gehen soll?

❯ Braucht Ihr Kind meist länger als 30 Minuten zum Einschlafen?

❯ Ist Ihr Kind nachts mehrmals in der Woche längere Zeit wach?

❯ Wird es nachts einmal oder mehrmals wach und weint oder ruft?

❯ Kommt es nachts in Ihr Bett, obwohl Sie gar nicht glücklich darüber sind?

❯ Hat es abends Angst?

❯ Leidet Ihr Kind unter Albträumen?

Die innere Uhr

Ein Kind kann nur schlafen, wenn es wirklich müde ist. Seine »innere Uhr« muss auf »Schlafen« gestellt sein, vom Zubettgehen bis zum Aufstehen am nächsten Morgen. Ist das nicht der Fall, kann es weder einschlafen noch durchschlafen, egal, was die Eltern mit ihm anstellen. Wenn Ihr Kind fast jeden Abend oder jede Nacht lange wach im Bett liegt, wird sich seine Ablehnung gegen das Bett und das Schlafen weiter steigern. Da geht es ihm wie Ihnen – oder finden Sie es angenehm, sich schlaflos im Bett zu wälzen?

Das individuelle Schlafbedürfnis

Kinder im Trotzalter brauchen in der Regel nachts zehn bis elf Stunden Schlaf. Abweichungen von einer Stunde nach oben oder unten sind noch normal. Dazu kommt der Mittagsschlaf. Bis zum Alter von eineinhalb Jahren haben sich fast alle Kinder von zwei Tagesschläfchen auf einen Mittagsschlaf umgestellt. Auch den gewöhnen sich die meisten im dritten oder vierten Lebensjahr ab. Die Unterschiede im Schlafbedürfnis machen sich vor allem beim Mittagsschlaf bemerkbar: Wenigschläfer sind nach einer halben Stunde schon wieder wach und stellen ihn unter Umständen schon im zweiten Lebensjahr ganz ein. Langschläfer behalten ihn auch nach dem vierten Lebensjahr noch bei und müssen geweckt werden, weil sie am liebsten mehrere Stunden schlafen würden.

TIPP: Feste Zeiten
Sie können kaum beeinflussen, ob Ihr Kind viel oder wenig schläft. Sie können aber beobachten, wie viele Stunden es im Durchschnitt tatsächlich schläft, und dazu passend feste Zeiten beim Schlafengehen und beim Aufstehen einführen.

Achten Sie darauf, dass Ihr Kind nicht länger in seinem Bett liegt, als es tatsächlich schläft. Wecken am Morgen oder nach dem Mittagsschlaf ist erlaubt, wenn sich ein regelmäßiger Rhythmus nicht von selbst einspielt. Verbringt Ihr Kind abends oder nachts ein bis zwei Stunden wach in seinem Bett, streichen Sie diese von seiner Bett-Zeit: Bringen Sie es später ins Bett oder wecken Sie es früher, oder beides. Manchmal hilft es auch, den Mittagsschlaf wegzulassen oder zu kürzen. So lernt Ihr Kind, dass sein Bett zum Schlafen da ist. Sie brauchen allerdings etwas Geduld: Bis sich der neue Rhythmus eingespielt hat, vergehen ein bis zwei Wochen.

Sorgen Sie für einen guten Schlafrhythmus

Sie können dafür sorgen, dass die »innere Uhr« Ihres Kindes gut eingestellt ist, dass es zügig einschläft und nachts keine langen Wachzeiten hat. Dafür braucht es nur eines: einen regelmäßigen Schlafrhythmus, der zu seinem Schlafbedürfnis passt – die wichtigste Voraussetzung für guten Schlaf. Die folgenden Grundregeln für das richtige Maß an Schlaf sollten Ihnen immer bewusst sein:

> Das Schlafbedürfnis ist von Kind zu Kind unterschiedlich.
> Jedes Kind kann nur so viel schlafen, wie es sein Schlafbedürfnis erlaubt.
> Je älter Ihr Kind wird, desto weniger Schlaf braucht es.
> Je länger der Mittagsschlaf Ihres Kindes dauert, desto weniger wird es nachts schlafen

Die Schlafgewohnheiten Ihres Kindes

Ob Ihr Kind gut schläft, hängt auch von seinen Einschlafgewohnheiten ab: Je nachdem, ob es abends allein ohne Ihre Hilfe einschlafen kann, kann es auch durchschlafen oder eben nicht.

Jedes Kind wird nachts mehrmals wach. Dabei überprüft es: Ist alles so, wie es beim Einschlafen war? Wenn es gewohnt ist, wach in sein Bett gelegt zu werden und allein in den Schlaf zu finden, schläft es einfach wieder ein. Ist aber nachts etwas anders als abends, fühlt sich das für das Kind nicht »richtig« an: Bekommt es abends im Bett noch eine Flasche, will es die auch nachts, oft mehrmals. Sitzt abends beim Einschlafen jemand bei ihm am Bett, vermisst es das beim nächtlichen Aufwachen. Schläft es abends im Elternbett ein, will es nachts dorthin zurück. Woher soll es wissen, dass es genauso gut ohne diese Hilfen weiterschlafen könnte? Es wird wach und weint, bis alles wieder so wird, wie es beim Einschlafen war. Oder es steht auf und schlüpft zu den Eltern ins Bett.

Allein einschlafen, gut durchschlafen

Das Allein-(Wieder-)Einschlafen kann Ihr Kind lernen – durch Erfahrung. Das Durchschlafen auch. Das Einschlafen wird leichter, wenn jeder Abend etwa gleich abläuft. Bevor Sie es in sein Bett bringen, können Sie sich noch einige Minuten Zeit nehmen, um den Tag mit Ihrem Kind harmonisch ausklingen zu lassen. Ein Abendritual kann aus einem gemeinsamen Spiel, einer Gutenachtgeschichte, einem Lied oder einem Gebet bestehen. Die liebevolle Zuwendung erleichtert Ihrem Kind – und auch Ihnen – die nächtliche Trennung. Nach dem Gutenachtkuss setzen Sie aber einen klaren Schlusspunkt: Sie verlassen das Zimmer, solange Ihr Kind noch nicht schläft. Wenn das klappt, gibt es wahrscheinlich auch kein Problem mit dem Durchschlafen.

Durchschlafen ist gar nicht so schwer

Was aber tun, wenn Ihr Kind trotz allem nachts ruft oder weint? Als Grundregel gilt: Zeigen Sie ihm immer, dass Sie da sind, und tun Sie dabei so wenig wie möglich. Ein Nachtlicht oder der geöffnete Türspalt mit einer Lichtquelle im Flur sorgen dafür, dass Ihr Kind sich orientieren kann. Achten Sie darauf, dass Sie es jederzeit rufen hören. Sie können dann ebenfalls rufen oder kurz zu seinem Bett gehen und mit ihm reden.

Aber alles, was es seinem Alter entsprechend schon selbst tun kann, sollten Sie ihm überlassen: den Schnuller wieder in den Mund stecken, den Teddy in die Arme nehmen, sich zudecken, einen Schluck Wasser trinken, zur Toilette gehen. Je weniger es Sie »braucht«, desto besser kann es nach dem nächtlichen Wachwerden ohne Ihre Hilfe wieder einschlafen.

Sehr viele Kinder stehen nachts auf und landen im Elternbett. Wenn so alle gut schlafen können und sich niemand gestört fühlt, ist das in Ordnung. Fühlen Sie sich aber dadurch beeinträchtigt oder können selbst nicht gut schlafen, wenn Ihr Kind neben Ihnen liegt, sollten Sie etwas daran ändern. Eine Möglichkeit ist, Ihr Kind konsequent jedes Mal wieder in sein Bett bringen. Eine andere Möglichkeit ist die Anwendung der Tür-auf-Tür-zu-Methode, die auf der folgenden Seite beschrieben wird.

TIPP: Kostbare Minuten am Abend
Wenn Sie Ihr Kind vor allem abends nach der Arbeit sehen, ist das gemeinsame Abendritual eine wunderbare Möglichkeit für Sie beide, wertvolle Zeit miteinander zu verbringen.

Angst vor dem Einschlafen

Selbst das mutigste und lebhafteste Kind wird manchmal kleinlaut und ängstlich, wenn es dunkel wird und es allein in sein Bett gehen soll. Viele Kinder wehren sich dagegen, dass die Eltern das Zimmer verlassen. Bei manchen ist es passend zum Trotzalter einfach ein Machtkampf, um zusätzliche Zuwendung zu bekommen. Dann ist es sinnvoll, fest zu bleiben und auf dem gewohnten Abendritual zu bestehen. Manche Kinder haben aber wirklich Angst vor der Trennung oder der Dunkelheit oder vor ihren eigenen Fantasiebildern, zum Beispiel vor Hexen, Monstern oder Gespenstern. Sie merken an der Körpersprache Ihres Kindes, ob es ihm nicht gut geht oder ob es nur Aufmerksamkeit haben will. Wenn Ihr Kind wirklich Angst hat, braucht es Ihre Hilfe.

Angstmacher Albträume

Albträume kommen bei Kindern zwischen drei und sechs Jahren besonders häufig vor. Sie spiegeln die Konflikte und Erlebnisse des Tages wider. Kinder können in diesem Alter Fantasie und Wirklichkeit noch nicht so gut unterscheiden. Gefahren können sie zwar schon erkennen, aber nicht immer richtig bewerten und erst recht nicht gut allein bewältigen.

Schlimme Träume treten meist in der zweiten Nachthälfte auf. Nach einem Albtraum sucht ein Kind Trost und Körperkontakt bei den Eltern. Beides sollten sie ihm geben.

TIPP: Licht beruhigt
Viele Kinder haben Angst vor Dunkelheit. Bringen Sie ein Nachtlicht an, oder lassen Sie durch einen offenen Türspalt einen Lichtschein ins Zimmer.

Trösten und verarbeiten helfen

Wenn Ihr Kind Angst hat, ist Ihre eigene Souveränität und Ruhe besonders wichtig. Diskutieren Sie nicht mit ihm über Monster oder Gespenster. Verrücken Sie keine Möbel, um ihm zu beweisen, dass es keine Monster und Gespenster gibt. Sie helfen ihm mehr, wenn Sie es fest in den Arm nehmen und ihm versichern: »Ich bin da. Ich habe dich lieb. Ich beschütze dich. Du kannst dich auf mich verlassen.«

Nach einem belastenden Erlebnis oder während einer akuten Erkrankung Ihres Kindes können Sie das Abendritual ausnahmsweise einmal ändern und Ihr Kind zu sich ins Bett holen. In solchen Situationen brauchen Kinder Nähe und Körperkontakt.

Einige Kinder sind generell besonders ängstlich. Für sie ist es vielleicht wirklich zu schwer, allein in einem Zimmer zu schlafen. Hier kann es helfen, eine Matratze oder ein Bett zusätzlich ins Elternschlafzimmer zu stellen oder Geschwisterkinder zusammen in einem Raum schlafen zu lassen.

Bei Albträumen: So findet Ihr Kind wieder heraus

Damit es vielleicht gar nicht zu einem bösen Traum kommt, kann es helfen, wenn Sie ihm immer beim Abendritual drei einfache Fragen stellen: »Was war heute nicht so schön? Was war heute besonders schön? Was möchtet du heute träumen?« Vor dem Einschlafen die weniger schönen Dinge kurz ansprechen und am Ende das Gute betonen – das hilft, Belastendes loszulassen, und lockt die guten Träume an!

Nach einem Albtraum können Sie Ihr Kind am besten trösten, indem Sie es fest in den Arm nehmen und ihm versichern: »Ich bin da. Es ist alles gut.« Wenn Ihr Kind möchte, kann es Ihnen auch seinen Traum erzählen. Drängen Sie es aber nie dazu.

Ähnlich wie bei Angstfantasien (siehe ab Seite 97) können Sie auch bei Albträumen die Vorstellungskraft Ihres Kindes nutzen. Erfinden Sie mit Ihrem Kind zusammen ein gutes Ende des bösen Traums. Oder lassen Sie Ihr Kind ein Bild malen, in dem es sich einen starken Verbündeten ausdenkt. Mit dessen Hilfe kann es das besiegen, was ihm im Traum Angst macht.

WICHTIG

Wenn Ihr Kind über längere Zeit ungewöhnlich heftige, panikartige Reaktionen mit Anklammern und Schreien zeigt, steckt wahrscheinlich ein besonderes Problem dahinter. Versuchen Sie, die Ursache herauszufinden und Ihrem Kind zu helfen. Suchen Sie eventuell auch fachlichen Rat. Das Gleiche gilt, wenn Ihr Kind fast jede Nacht Albträume hat.

»Ich mag das nicht!«
Richtig essen

Sind Sie der Meinung, dass Ihr Kind zu wenig isst? Das Falsche? Oder zu viel? Finden Sie es zu dick oder zu dünn? Sind für Sie die Mahlzeiten mit Kind »Stresszeiten«? Wenn ja, gehören Sie zu den zahlreichen Eltern, die sich Sorgen um das Essverhalten ihrer Kinder machen. In den meisten Fällen lässt sich mit wenig Aufwand eine Lösung finden. Dem Kind alles geben, was es braucht, aber nicht alles, was es will – dieser Grundsatz ist vielleicht bei keinem anderen Thema so leicht umzusetzen wie beim Essen.

Mahlzeiten – Stresszeiten?

Kleine Kinder verfügen noch über die angeborene Fähigkeit, genau das zu essen, was sie brauchen, und zwar jeweils genau in der richtigen Menge. Sie sind noch nicht »verdorben« durch Schönheitsideale, Werbung und gesellschaftliche Zwänge. Sie können ihre Nahrungsaufnahme besser regeln als wir Erwachsenen!

Das stimmt allerdings nur unter einer Bedingung: Entscheidend ist, was auf dem Tisch steht. Würden wir die Auswahl der Speisen unseren Kindern überlassen, gäbe es vielleicht nur Pfannkuchen, Pommes und Süßigkeiten.

Wichtig ist die »Aufgabenverteilung«

Wir Eltern wissen besser, welche Lebensmittel für unsere Kinder gut sind und welche wir begrenzen sollten. Wir wissen auch besser, welches Benehmen beim Essen angemessen ist. Lebensmittel einkaufen, zubereiten, Mahlzeiten festlegen, das Essen auf den Tisch stellen, die Kinder zum Essen an den Tisch holen und auf ihr Benehmen achten – all das ist unsere Aufgabe.

Wenn ein gutes Angebot von Speisen auf dem Tisch steht, wissen Kinder selbst am besten, was sie brauchen. Deshalb dürfen sie nach zwei Löffeln aufhören. Sie dürfen das Gemüse liegen lassen. Sie dürfen auch alles liegen lassen und uns einfach nur Gesellschaft leisten, während wir selbst essen. Das macht nichts. Die nächste Mahlzeit kommt bestimmt. Wenn sich der Hunger schon vorher bemerkbar macht, wird eben gewartet bis zur nächsten Mahlzeit. Wenn Sie diese Aufteilung zwischen Eltern und Kind beherzigen, kann es eigentlich keinen Stress mehr bei den Mahlzeiten geben. Und Ihr Kind kann weder zu dick noch zu dünn werden – vorausgesetzt, es ist gesund.

Eltern sind aber nur schwer davon zu überzeugen, dass das wirklich funktioniert. »Dann würde mein Kind nur noch Nutellabrote essen.« – »Mein Kind würde ja überhaupt kein Gemüse essen.« – »Dann würde mein Kind gar nichts mehr essen.« – »Mein Kind würde gar nicht mehr aufhören zu essen.« – Solche Einwände höre ich in meiner Praxis regelmäßig. Immer wieder wird versucht zu bestimmen, was und wie viel das Kind essen soll.

ALLES IN ORDNUNG!
Etwa 20 Prozent der Eltern von Kindern zwischen zwei und sechs Jahren sind der Meinung, ihr Kind esse zu wenig. Fast alle irren sich. Ein gesundes Kind kann gar nicht zu dünn sein, wenn ihm genug Essen angeboten wird. Fast immer zeigt die Wachstumskurve im Vorsorgeheft, dass alles in bester Ordnung ist.

ESSEN NACH BEDARF: EIN EXPERIMENT

Die Ärztin Clara Davis hat 1928 mit drei Waisenkindern ein Experiment durchgeführt. Die sieben bis neun Monate alten Jungen durften sich bei jeder Mahlzeit von einem Tablett mit zehn verschiedenen rohen oder gekochten Speisen (Süßes war nicht im Angebot) selbst bedienen. Nach sechs Monaten waren alle drei gut gediehen und in bester gesundheitlicher Verfassung. Die »Diät«, die sie sich selbst zusammengestellt hatten, war sogar nach heutigen ernährungswissenschaftlichen Erkenntnissen optimal. Sie hatten alle drei das Richtige gewählt – in der richtigen Menge.

Wenn Eltern mit Essen hinter ihrem Kind herlaufen, wenn sie Spielzeug, Fernseher und weitere Tricks zur Ablenkung einsetzen oder auf andere Weise Druck ausüben, hat das Folgen: Sie verleiden ihrem Kind das Essen, sorgen für Stress bei den Mahlzeiten und zetteln einen Machtkampf an, wo er nichts zu suchen hat. Wenn Ihr Kind gesund ist, isst es genug. Egal, wie dünn es ist.

Besonders weit verbreitet unter Eltern ist auch die Überzeugung, ihr Kind ernähre sich zu einseitig. Sie verstehen überhaupt nicht, dass es sich weigert, etwas Neues zu probieren. Dabei ist das ein ganz normales Verhalten bei Kindern zwischen zwei und sechs. Viele Eltern glauben, sie müssten Obst und Gemüse, Fleisch oder Fisch in ihr Kind »hineinbekommen«, notfalls gegen seinen Willen: Es muss so lange sitzen bleiben, bis es aufgegessen hat, sonst bekommt es keinen Nachtisch, oder es wird sogar »zwangsgefüttert«. Auf diese Weise kann man niemandem etwas schmackhaft machen. Es funktioniert einfach nicht. Im Gegenteil: Je mehr Druck Sie ausüben, desto heftiger wird Ihr Kind die Speise ablehnen. Druck ist gar nicht gut. Vertrauen ist viel besser.

So klappt es am Familientisch

Wenn gute und gesunde Speisen bei jeder Mahlzeit auf dem Tisch stehen und Sie auch selbst als gutes Vorbild davon essen, haben Sie bereits genug getan. Was Ihr Kind nicht will, braucht es nicht. Auch sehr mäkelige Kinder kommen auf den Anteil an Vitaminen und wertvollen Nährstoffen, den sie wirklich brauchen. Es ist oft viel weniger, als die Eltern denken. Wenn Ihr Kind gesund ist und gut gedeiht, kann es nicht »zu dünn« sein.

Ihre Aufgabe ist es, das Richtige auf den Tisch zu stellen. Davon kann Ihr Kind sich dann genau das aussuchen, was es braucht. Um hierfür das Richtige zusammenzustellen, brauchen Sie nur wenige Informationen über gute Ernährung.

Alles anbieten, was es gibt

Vielfalt ist die beste Voraussetzung für eine ausgewogene Ernährung. Je vielfältiger Ihr Angebot ist, desto besser. Verbote wecken nur Gelüste. Die normale Auswahl vom Markt und Supermarkt ermöglicht Ihnen ein reichhaltiges Angebot an Nahrungsmitteln. Bieten Sie Ihrem Kind alles an, was Sie selbst mögen. Auch eine Currywurst oder eine von Farbstoff strotzende Süßigkeit kann ab und zu im Angebot sein. Wenn Sie auf lange Sicht nichts verbieten, müssen Sie sich nicht rechtfertigen und haben bei der Zusammenstellung Ihrer Mahlzeiten umso mehr Spielraum.

Fettes und Süßes begrenzen

Zu viel essen bedeutet fast immer zu viel Fett essen. Fett versteckt sich in Wurst, Käse und Fleisch, aber auch in Chips oder Quarkspeisen. Fett und fettreiche Speisen sollten Sie portionieren und nicht unbegrenzt anbieten. Das gilt auch für Süßes, denn Zucker verursacht Karies, enthält keine zusätzlichen wertvollen Bestandteile wie Vitamine und Ballaststoffe und wird in Kombination mit viel Fett, etwa in Torte und Schokolade, zum »Dickmacher«.

Unsere kohlenhydratreichen Grundnahrungsmittel Kartoffeln, Reis, Nudeln und Getreideprodukte, also auch Brot, brauchen Sie nicht zu begrenzen. Dasselbe gilt für Obst und Gemüse. Auch sie sind reich an Kohlenhydraten und enthalten zudem viel Wasser. Über Eiweiß brauchen Sie nicht nachzudenken: Wenn Ihr Kind ab und zu Fleisch isst, bekommt es genug davon. Milchprodukte, Fisch, Eier und Hülsenfrüchte enthalten ebenfalls Eiweiß.

Kein Kind verhungert, wenn es keine Nussnugatcreme bekommt. Brot gibt es immer. Daran kann es sich satt essen.

Die Angst, ein Kind sei zu dünn, kommt übrigens viel häufiger vor als die Sorge, es könnte zu viel essen. Das ist erstaunlich. Denn während ein gesundes Kind eigentlich nicht »zu dünn« sein kann, wird Übergewicht auch bei jüngeren Kindern zunehmend zum Problem. »Zu viel« kann Ihr Kind aber nur essen, wenn Sie ihm das Falsche anbieten: Fettes und Süßes zu oft und in zu großen Mengen. Bei allen anderen Speisen entscheidet Ihr Kind selbst, wie viel es essen möchte.

TIPP: Für Bewegung sorgen

»Mehr gibt es nicht, du bist sowieso schon zu dick!« – das funktioniert nicht. Ihr Kind wäre verletzt und würde pausenlos ans Essen denken. Achten Sie stattdessen darauf, dass es sich viel bewegt: Rad fahren, mit Freunden herumtoben, Hüpfspiele machen, schaukeln, balancieren …

Klare Regeln am Tisch einführen

Feste Mahlzeiten tun Ihrem Kind gut. So lernt es, dass das Essen zu regelmäßigen Zeiten am Tisch stattfindet und nicht nach Lust und Laune. Regelmäßige Zeiten erleichtern den Tagesablauf. Mit drei festen Haupt- und zwei Zwischenmahlzeiten können Sie nichts falsch machen. Der große Vorteil bei fünf Mahlzeiten am Tag: Wenn Ihr Kind bei einer Mahlzeit nichts oder fast nichts isst, ist das kein Problem. Sie können freundlich und mit Überzeugung sagen: »Du magst nichts? Das macht gar nichts!« Wenn es eine halbe Stunde später doch Hunger bekommt, können Sie genau so freundlich sagen: »Warte bis zur nächsten Mahlzeit!« Länger als zwei Stunden muss Ihr Kind nie warten.

Gutes Benehmen: Am Familientisch fürs Leben lernen

Die gemeinsamen Mahlzeiten sind eine wichtige Gelegenheit für Ihr Kind, gutes Benehmen zu erlernen. Es ist sehr hilfreich, wenn Sie dafür einige Regeln festlegen und diese auch durchsetzen.
Die Voraussetzung für gutes Benehmen am Tisch ist, sich hinzusetzen und bei der Mahlzeit sitzen zu bleiben. Oft höre ich das Argument »Mein Kind bleibt aber nicht am Tisch sitzen!«. Ist es eine gute Konsequenz, mit dem Essen hinter ihm herzulaufen?
Mein Gegenvorschlag: Geben Sie Ihrem Kind eine Wahlmöglichkeit. Zum Beispiel so: »Möchtest du noch weiteressen? Dann bleib bitte auf deinem Platz sitzen. Sonst räume ich jetzt deinen Teller weg. Du hast die Wahl.«

GU-ERFOLGSTIPP: REGEL FÜR STRESSFREIES ESSEN

Sie als Eltern entscheiden, was auf den Tisch kommt. Sie entscheiden, zu welchen Zeiten die Mahlzeiten stattfinden. Sie legen die Regeln für das Verhalten am Tisch fest. Lassen Sie nicht zu, dass Ihr Kind sich einmischt.
Ihr Kind entscheidet, was und wie viel es von Ihrem Angebot essen möchte. Es ist seine Sache. Sie dürfen sich dabei nicht einmischen.

Nicht nur das Sitzenbleiben am Tisch gehört zum guten Benehmen, auch die Tischmanieren lernt Ihr Kind beim gemeinsamen
Essen. Außerdem gelten natürlich die Regeln des freundlichen
Umgangs miteinander: Den anderen ausreden lassen, selbst
freundlich reden, nicht schreien. Trotz und Wutanfälle während
der Mahlzeiten sollten Sie nicht zulassen. Wenn Ihr Kind bei Tisch
massiv stört, etwa durch Schreien oder Quengeln, kann auch eine
Auszeit angebracht sein. Danach bekommt es eine neue Chance.
Klappt es wieder nicht, ist die Mahlzeit für Ihr Kind beendet. Das
gilt auch, wenn es seine Portion noch nicht aufgegessen hat.

Der Esstisch ist auch zum Reden da

Die gemeinsamen Mahlzeiten sind entscheidend fürs soziale Lernen in der Familie. Man trifft sich und erzählt sich von den Erleb-
nissen des Tages. Das gehört unbedingt dazu. In vielen Familien
ist der Esstisch der Ort, an dem die meisten Gespräche zwischen
den Familienmitgliedern stattfinden. Fernsehen, Spielzeug und
Bücher haben dort nichts zu suchen. Essenszeit ist Redezeit, aber
nicht Spielzeit. Jede Art zusätzlicher Animation dient meist dazu,
Essen in das Kind »hineinzubekommen« – das ist eine weitere
Art, Druck auszuüben. Ihr Kind wird das schnell durchschauen
und den Spieß umdrehen: »Ich esse nur, wenn du den Fernseher
anmachst!« Lassen Sie sich davon nicht beeindrucken.

Über Geschmack brauchen Sie nicht zu streiten

»Bäh, wie eklig!« – »Das sieht ja widerlich aus!« – »Wie das schon
riecht!« – »Warum kochst du immer nur so was Blödes?« Kennen
Sie solche »Komplimente« von Ihrem Kind, nachdem Sie mit Liebe und Mühe gekocht haben? Das ist verletzend, und Sie sollten es
nicht akzeptieren. Ihr Kind muss Ihr Essen nicht mögen, aber das
kann es auch höflich sagen, etwa so: »Mama, ich mag einfach keine Erbsen. Kann ich sie liegen lassen und nur den Reis essen?«
Vielleicht fällt ihm das zunächst nicht leicht. Dann machen Sie es
vor und üben es mit ihm ein.
Es bleibt dabei: Essen muss Ihr Kind nicht. Sie bestehen aber darauf, dass es auf eine respektvolle Art und Weise Ihr Essen ablehnt.

**TIPP: Gutes Beneh-
men am Tisch**
Die wichtigsten Regeln für
gutes Benehmen am Tisch:
> Gegessen wird am Tisch.
> Reden am Tisch ist gut,
Spielsachen am Tisch sind
überflüssig.
> Freundliches Ablehnen
von Speisen ist erlaubt.
> Bei unangemessenem
Verhalten am Tisch gibt es
eine Auszeit.

»Ich muss aber nicht!«
Sauber werden

Das Sauberwerden ist ein sehr wichtiges Thema im Trotzalter, also von zwei bis sechs Jahren. Wie können Sie Ihr Kind unterstützen? Wann sollten Kinder tagsüber trocken sein, wann nachts? Was tun, wenn Ihr Kind mit vier Jahren noch nicht trocken ist, nachts noch einnässt oder für sein »großes Geschäft« eine Windel braucht? Für Machtkämpfe zwischen Eltern und Kind ist dieses Thema ebenso wenig geeignet wie das Thema Essen. Lassen Sie Ihr Kind die Führung übernehmen. Es ist sein Körper.

Von der Windel zur Toilette

Früher dachte man, es hinge von der Erziehung ab, in welchem Alter Kinder trocken und sauber werden. Der Schweizer Kinderarzt Remo Largo (siehe Buchtipps Seite 122) hat mit einer Studie das Gegenteil bewiesen: Wann Kinder sauber werden, hat vor allem etwas mit der Reifung der entsprechenden Körperfunktionen zu tun. Diese ist erst gegen Ende des fünften Lebensjahres abgeschlossen. Reifung kann man durch Erziehung nicht beeinflussen. »Toilettentraining« ist also überflüssig! Sie tun besser daran, Ihr Kind zu beobachten und an seinen Reaktionen zu merken, wann es »reif« für die Toilette ist. Loben und ermutigen Sie Ihr Kind bei seinen Entwicklungsschritten:

1 Ihr Kind merkt etwas. Was vorher unbewusst geschah, weckt jetzt seine Aufmerksamkeit. Vor dem Stuhlgang ist das »besondere« Gefühl meist deutlicher als vor dem Entleeren der Blase. Sie sehen Ihrem Kind an, dass es konzentriert bei der Sache ist.
2 Ihr Kind erkennt das Gefühl und macht bewusst in die Windel.
3 Es meldet sich, sobald die Windel voll ist.
4 Ihr Kind zeigt vorher Anzeichen: Es hampelt herum, drückt die Beine aneinander oder Ähnliches.

Wenn es nicht klappen will

Das hartnäckigste Hindernis vor dem Trockenwerden ist der Schlaf. Die meisten Kinder, die nachts noch ins Bett machen, waren noch nie längere Zeit trocken. Wenn sie tagsüber zuverlässig auf die Toilette gehen, ist fast sicher: Hier liegt kein psychisches Problem zugrunde. Die Kinder schlafen einfach besonders fest. Psychische Probleme bekommen sie höchstens als Folge davon, dass sie ständig Angst vor dem nassen Bett haben. Ab sechs Jahren sollte man deshalb etwas unternehmen (siehe Seite 119). Kinderarzt oder Kinderärztin sind dann die richtigen Ansprechpartner.

ZAHLEN ZUM SAUBERWERDEN

Die Fachwelt ist sich einig: Eine »Störung« liegt erst vor, wenn ein Kind mit fünf Jahren Blase und Darm noch nicht vollständig kontrollieren kann. Die Darmkontrolle klappt bei den meisten Kindern zuerst: Zwei Drittel kriegen es bis zum Ende des 3., die meisten anderen bis zum Ende des 4. Lebensjahres hin. Jedes zehnte fünfjährige Kind macht noch hin und wieder sein »großes Geschäft« in die Windel oder die Hose. Trocken sind 90 Prozent der Kinder mit 5 Jahren, zumindest tagsüber. Nachts machen 20 Prozent der 4-Jährigen, 15 Prozent der 5-Jährigen und 10 Prozent der 7-Jährigen noch ins Bett. Jungen sind fast doppelt so oft betroffen wie Mädchen.

Auch tagsüber ist das Trockenwerden für einige Kinder schwierig. Wenn sie mit vier Jahren oder später tagsüber noch einnässen, ist eine genaue körperliche Untersuchung nötig. Oft spielt aber erlerntes Verhalten die entscheidende Rolle: Die Kinder halten einfach zu lange ein, weil ihnen der Gang zur Toilette lästig ist. Sie schaffen es dann nicht rechtzeitig aufs Klo.

Ein Teufelskreis: das »große Geschäft« einhalten

Gar nicht so selten: Ein Kind ist seit langem tagsüber trocken, vielleicht auch nachts. Auch seinen Darm kann es eigentlich kontrollieren. Leider setzt es sich nicht auf die Toilette, sondern lässt sich fürs »große Geschäft« eine Windel geben oder macht in die Hose – ganz bewusst. Die Toilette scheint ein unüberwindliches Hindernis zu sein. Wenn die Eltern genervt Druck ausüben, reagieren die Kinder oft mit Gegendruck: Sie fangen an einzuhalten. Das verursacht Verstopfung, unangenehme Empfindungen oder Schmerzen beim Stuhlgang, was erst recht zum Einhalten führt.

TIPP: Nachts einen Weckapparat einsetzen

Wenn Ihr Kind mit sechs Jahren nachts noch nicht trocken ist, besteht allmählich Handlungsbedarf. Wirksam ist ein sogenannter Weckapparat, den der Kinderarzt verschreiben kann. Dazu gehört eine mit einem Sensor versehene Slipeinlage. Beim ersten Tropfen Urin löst der Sensor Alarm aus. Ihr Kind muss aufstehen, zur Toilette gehen und das Gerät wieder für den Einsatz vorbereiten. So lernt es nach und nach, rechtzeitig wach zu werden. Bei einigen Kindern klappt das anfangs noch nicht. Dann sind die Eltern sehr gefordert, weil sie auf den Weckton reagieren und selbst aufstehen müssen.

Was beim Sauberwerden hilft

Um Ihrem Kind zu helfen, tagsüber trocken zu werden, reicht es, die auf Seite 117 genannten Entwicklungsschritte zu beobachten und die Windel probehalber irgendwann wegzulassen, wenn es genügend Anzeichen gibt, dass Ihr Kind »reif« dafür ist. Klappt es gar nicht, versuchen Sie es ein paar Wochen später noch einmal. Bei einem Kind unter fünf Jahren genügt es, auf nasse Hosen möglichst wenig zu reagieren und lediglich darauf zu bestehen, dass es sich anschließend allein umzieht. Ab fünf Jahren haben sich Belohnungspläne bewährt: Ihr Kind kann Punkte sammeln, wenn es mehrmals am Tag zur Toilette geht, egal, ob es etwas »macht«. Ihr Kinderarzt berät Sie dabei. Erst wenn Ihr Kind tagsüber trocken ist, kann das nächtliche Einnässen behandelt werden.

GU-ERFOLGSTIPP: UNTERSTÜTZUNG IM ALLTAG

> Bringen Sie Ihrem Kind bei, sich selbstständig an- und auszuziehen. Dabei geht nichts über eine Hose mit Gummizug!
> Lassen Sie Ihr Kind miterleben, wie Sie oder die älteren Geschwister auf die Toilette gehen. Auch die Stofftiere und Puppen Ihres Kindes können »lernen«, sauber zu werden – eine spielerische Gewöhnung an die Toilette.

> Lassen Sie die Windel weg, wenn Ihr Kind Anzeichen zeigt, dass es »reif« ist. Bieten Sie Topf oder Toilette zur Wahl. Bei der Toilette ist oft ein verkleinernder Aufsatz sowie ein Fußschemel hilfreich.
> Beachten Sie, dass viele Kinder nachts viel später trocken werden als tagsüber.
> Machen Sie kein »großes« Thema daraus: Schimpfen, Bestrafung, Druck sind tabu.

Schmerzen verhindern

Wenn eine Gewohnheit verändert wird, etwa durch das Weglassen der Windel, kann es passieren, dass Ihr Kind tagelang bewusst den Stuhlgang unterdrückt. Sorgen Sie unbedingt dafür, dass der Stuhl weich bleibt und das Ausscheiden nicht wehtut. Verzichten Sie auf Einläufe oder Klistiere, weil sie für Ihr Kind sehr unangenehm sind und nur weiteres Einhalten zur Folge haben. Sorgen Sie dafür, dass Ihr Kind genug Ballaststoffe bekommt, etwa aus Gemüse und Vollkorn. Reicht das nicht aus, kann der Kinderarzt ihm Lactulose verschreiben. Sie ist völlig unbedenklich und kann wenn nötig in hoher Dosierung gegeben werden. Noch wirksamer und angenehmer in der Anwendung ist PEG (Polyethylenglykol). Es kann auch über längere Zeit gegeben werden. Warten Sie nicht zu lange. Schmerzen und Angst vor dem Stuhlgang können zu Trotz und Wutanfällen führen und dem Sauberwerden im Weg stehen.

Übergeben Sie die Verantwortung Ihrem Kind!

Ihr Kind braucht einen Anreiz, damit der Gang auf die Toilette attraktiver wird als die Windel. Dafür muss es für die unangenehmen Folgen der vollen Windel Verantwortung übernehmen. Lassen Sie Ihr Kind alles tun, was es allein tun kann: die Windel anziehen, sie in die Toilette ausleeren, die Unterwäsche auswaschen,

DIE ANGST ÜBERWINDEN

Das Umgewöhnen ist für Kinder, die sich fürs »große Geschäft« gezielt eine Windel geben lassen, besonders schwierig. Oft bringt aber ein einziger erfolgreicher Gang auf die Toilette den Durchbruch, nach mehreren Erfolgen ist das Thema fast immer erledigt.

sich selbst sauber machen. Schenken Sie ihm dabei nicht mehr Aufmerksamkeit als nötig. Lassen Sie sich nicht beirren, wenn Ihr Kind ungehalten reagiert. Allein durch das lästige Selbermachen wird der Anreiz, auf die Toilette zu gehen, erheblich größer.

Eine Geschichte vorlesen

TIPP: Vertraute Wörter
Verwenden Sie in der Mäusegeschichte dieselben Wörter, die Sie auch im Alltag gebrauchen. Ein nettes Beispiel aus meiner Praxis: »Ojaja« – als Ausdruck für das große Geschäft!

In meiner Praxis hat es sich zusätzlich als sehr hilfreich erwiesen, dem Kind eine Geschichte zu erzählen. Ihr Kind wird sich mit seinem Problem wiedererkennen. Es erfährt, wie Sie mit dem Problem umgehen werden, und bekommt eine Lösung angeboten.

Ich habe sehr gute Erfahrungen damit gemacht, wenn die Eltern nichts weiter tun, als täglich die folgende Mäusegeschichte vorzulesen und umzusetzen, was in der Geschichte berichtet wird: Das Thema nicht mehr ansprechen. Schimpfen und Strafen vermeiden. Ihr Kind das Saubermachen übernehmen lassen.

Verändern Sie die Mäusegeschichte so, dass sie genau zu Ihrem Kind passt. Setzen Sie genau das, was Paul seinem Freund erklärt, gleichzeitig mit Ihrem Kind in die Tat um. Wenn Sie eines Tages die Windel ganz weglassen, bauen Sie das in die Geschichte ein. Wandeln Sie sie auch daraufhin ab, ob Ihr Kind bewusst in die Windel oder in die Hose macht: Aus »Ich brauche dafür eine Windel, und ich habe keine mit« kann werden: »Ich mache immer in die Hose, und ich habe keine Ersatzhose dabei.«

> **Ludwig** (4 Jahre) war schon länger sauber. Nach einer schlimmen Verstopfung machte er täglich wieder die »volle Ladung« in die Hose, oft auch im Kindergarten. Besonders wenig Verständnis hatte sein Vater, der das peinlich fand und mit Ludwig schimpfte. Es wurde vereinbart, wie oben beschrieben vorzugehen: täglich die Geschichte vorlesen, Ludwig die Verantwortung fürs Saubermachen übertragen, ansonsten das Thema nicht mehr ansprechen und keinen Druck ausüben. Nach zehn Tagen wurde der Vater ungeduldig. Darauf sagte der Kleine ganz ruhig: »Papa, du darfst gar nicht mit mir schimpfen.« Der Vater war so beeindruckt, dass er sich wieder an die Vereinbarung hielt. Einige Tage später ging Ludwig von selbst zur Toilette, dann wagte er es auch im Kindergarten. Seitdem klappt es.

GESCHICHTE ZUM SAUBERWERDEN: DER »GROSSE PLUMPS«

Paul war ein kleiner fröhlicher Mäusejunge. Er war schon fünf und rannte jeden Morgen vergnügt in den Mäusekindergarten. Er konnte toll malen und basteln. Einmal kam Pauls bester Freund Carlo zu Besuch, und sie spielten zusammen mit dem neuen Bauernhof. Auf einmal fing Carlo an zu hampeln und zu weinen. »Was ist denn los, Carlo?« fragte Paul. – »Ich trau mich nicht, es zu sagen!«, weinte Carlo. – »Mensch Carlo, ich bin doch dein Freund«, tröstete Paul. Da flüsterte Carlo ganz leise in Pauls Mäuseohr: »Ich muss Kacka!« Paul musste lachen: »Das macht doch nichts, da vorn steht doch unser Mäuseklo!« Aber Carlo weinte noch mehr. »Bei mir geht das nicht. Ich mache das anders. Ich brauche eine Windel, und ich habe keine mit!«

Paul legte eine Pfote um Carlos Hals und sagte: »Ach, das kenne ich! Bei mir war das genauso! Ich habe es gehasst, aufs Klo zu gehen! Ich dachte immer, das tut weh und dauert lange! Lieber habe ich ganz lange ausgehalten!« – »War das bei dir ehrlich genauso?«, fragte Carlo erstaunt. – »Na klar! Aber jetzt finde ich es klasse, wenn die Wurst ins Klo plumpst« – »Wie hast du das geschafft?«, wollte Carlo wissen – »Also, früher habe ich immer gewartet, bis ich zu Hause war. Wenn ich musste, habe ich meine Mama gerufen. Die hat mir eine Windel angezogen. Dann habe ich ganz fest gedrückt. Das hat gestunken! Dann musste Mama mich saubermachen. Die war manchmal sauer! Der Papa auch, und die Oma auch. Aber ich hatte echt Angst vor dem blöden Klo! Ich konnte doch nichts dafür.

Aber dann hat meine Mama gesagt: ›Du kannst das ruhig so machen mit der Windel. Ich werde nicht mehr meckern, der Papa und die Oma auch nicht. Du bist jetzt groß genug. Du brauchst mich nicht mehr dafür. Du machst jetzt alles allein.‹ Ich musste die Windel selbst festhalten beim Kacka. Ich musste meinen Popo sauber machen. Ganz allein stand ich in der Badewanne! Mama ist rausgegangen! Das war blöd und langweilig. Dabei wollte ich doch eigentlich mal wissen, wie das ist, wenn die Wurst ins Klo plumpst. Einmal war ich ganz mutig. Ich bin heimlich aufs Klo geschlichen, habe die Tür zugemacht und gedrückt. Ich hatte richtig Herzklopfen – und dann hat es ganz leise plumps gemacht! Es war gar nicht schlimm! Mama kam angerannt – die hat vielleicht gestaunt! Ich habe es dann immer so gemacht. Plumps, plumps, plumps. Keine Windel mehr, und mein Mäusepopo ist jetzt immer schön sauber. Dafür habe ich ganz viel Mut gebraucht. Ich weiß ja nicht, ob du soo mutig bist!« Carlo hörte gespannt zu. Er war auch schon mal ganz mutig gewesen, die lange Rutsche auf dem Spielplatz war er allein runtergerutscht! Plötzlich rannte er zum Mäuseklo und machte die Tür zu. Nach einer Weile hörte Paul, wie es PLUMPS machte. Carlo kam ganz stolz heraus: »Ich kann es auch! Ich kann es auch!« Carlo und Paul fassten sich an den Händen, tanzten und sangen: »Plumps plumps plumps, wir beide machen plumps. Wir brauchen keine Mäusewindeln, unser Popo bleibt jetzt sauber ...« (Melodie: »Hopp, hopp, hopp, Pferdchen lauf Galopp«).

Bücher, die weiterhelfen

RATGEBER AUS DEM GRÄFE UND UNZER VERLAG

Weitere Bücher der Autorin

Kast-Zahn, Annette/Morgenroth, Hartmut, **Jedes Kind kann schlafen lernen**

Kast-Zahn, Annette, **Jedes Kind kann Regeln lernen**

Kast-Zahn, Annette/Morgenroth, Hartmut, **Jedes Kind kann richtig essen**

Bücher von anderen Autoren

Bentheim, A./Murphy-Witt, M., **Was Jungen brauchen**

Ettrich, Prof. Dr. med. C./Murphy-Witt, M., **AD(H)S – was wirklich hilft**

Glaser, U., **Die Eltern-Trickkiste**

Herold, S., **300 Fragen zur Erziehung**

Kunze, P./Salamander, C., **Die schönsten Rituale für Kinder**

Nitsch, C./Hüther, Prof. Dr. G., **Kinder gezielt fördern**

Stamer-Brandt, P./Murphy-Witt, M., **Das Erziehungs-ABC. Von Angst bis Zorn**

Valentin, L./Kunze, P., **Die Kunst, gelassen zu erziehen**

BÜCHER AUS ANDEREN VERLAGEN

Barkley, R. A., **Das große ADS-Handbuch für Eltern, Huber**

Brett, D., **Ein Zauberring für Anna. Therapeutische Geschichten für Kinder von 3–8 Jahren,** Iskopress

Dinkmeyer, D./Mc Kay, G. D./Dinkmeyer, J. S., **STEP- Das Elternbuch. Die ersten 6 Jahre,** Beltz

Gordon, Th., **Familienkonferenz. Die Lösung von Konflikten zwischen Eltern und Kind,** Heyne

Honkanen-Schoberth, P., **Starke Kinder brauchen starke Eltern. Der Elternkurs des Deutschen Kinderschutzbundes,** Urania

Largo, R. H., **Babyjahre. Die Entwicklung und Erziehung in den ersten vier Jahren,** Piper

Largo, R. H., **Kinderjahre. Die Individualität des Kindes als erzieherische Herausforderung,** Piper

BÜCHER ZUM VORLESEN

van der Doef, S./Latour, M.: **Vom Liebhaben und Kinderkriegen. Mein erstes Aufklärungsbuch,** Betz

Corace, J./Krouse Rosenthal, A.: **Die kleine Eule, die nicht immer so lange aufbleiben wollte,** Hanser

Cuno, S./Szesny, S.: **Wir sind jetzt vier!** Ravensburger ministeps®

Osterwalder, M.: **Bobo Siebenschläfer: Bildgeschichten für ganz Kleine,** rororo

Adressen, die weiterhelfen

DEUTSCHLAND

Arbeitskreis Neue Erziehung e. V.

Boppstraße 10, 10967 Berlin
www.ane.de
www.aktiv-fuer-kinder.de

Bundesarbeitsgemeinschaft Elterninitiativen (BAGE) e. V.

Einsteinstraße 111, 81675 München
www.bage.de

Bundeskonferenz für Erziehungsberatung e. V.

Herrnstraße 53, 90763 Fürth
www.bke.de/ratsuchende.htm (Adressen der Erziehungsberatungsstellen bundesweit)

ADHS Deutschland e. V.

Postfach 410724, 12117 Berlin
info@adhs-deutschland.de

ÖSTERREICH

Elternwerkstatt. Verein im Dienst von Kindern, Eltern, PädagogInnen

Altmannsdorferstraße 172/31/2, 1230 Wien
www.elternwerkstatt.at

Bundesministerium für soziale Sicherheit und Generationen Abteilung V/2

Franz-Josefs-Kai 51, 1010 Wien
www.eltern-bildung.at

SCHWEIZ

Elternnotruf Zürich

Weinbergstraße 135, 8006 Zürich
Telefon 044/ 261 88 66
Fax 044/ 261 89 03
E-Mail 24h@elternnotruf.ch
www.elternnotruf.ch

Gesellschaft für das Gute und Gemeinnützige

GGG Basel, Im Schmiedenhof 10, 4001 Basel
www.ggg-basel.ch

INTERNET-LINKS

www.eltern.de
Aktuelle Informationen zu zahlreichen Familienthemen

www.elternlink.de
Viele Links zu interessanten Seiten für Eltern

http://eltern.kinder.at
Tipps zur Erziehung, interessante Links und viele Ideen für Unternehmungen

www.familienhandbuch.de
Rat und Hilfe in allen Erziehungsfragen

www.kinderbuch-couch.de
Bücher-Portal mit Tipps zum Vorlesen für jedes Alter

www.kidscat.ch
Informatives und unterhaltsames Familienportal für Eltern und Kinder

Register

Impressum

© 2011 GRÄFE UND UNZER VERLAG GmbH, München

Überarbeitete und aktualisierte Neuausgabe von »Jedes Kind kann Krisen meistern«, GRÄFE UND UNZER VERLAG 2006, ISBN 978-3-7742-7211-8

Projektleitung: Reinhard Brendli

Lektorat: Barbara Kohl

Bildredaktion: Caroline Davis

Umschlaggestaltung und Layout: independent Medien-Design, Horst Moser, München

Herstellung: Petra Roth

Satz: Christopher Hammond

Lithos: Repro Ludwig, Zell am See

Druck: Firmengruppe APPL, aprinta druck, Wemding

Bindung: Firmengruppe APPL, sellier druck, Freising

ISBN 978-3-8338-2111-0

1. Auflage 2011

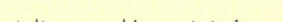

Bildnachweis

Illustrationen: Michael Luz (außer GU-Folder: Elke Irnstetter)

Fotos: Alamy: S. 2, 34; Corbis: hintere Umschlagseite (rechts); Getty Images: vordere Umschlagseite, S. 1, 3 (rechts), 6, 102, hintere Umschlagseite (links); Annette Kast-Zahn: S. 4; Superbild: S. 3 (links), 80

Syndication: www.jalag-syndication.de

Wichtiger Hinweis

Umwelthinweis

GRÄFE UND UNZER

Ein Unternehmen der
GANSKE VERLAGSGRUPPE

Unsere Garantie

Mit dem Kauf dieses Buches haben Sie sich für ein Qualitätsprodukt entschieden. Wir haben alle Informationen in diesem Ratgeber sorgfältig und gewissenhaft geprüft. Sollte Ihnen dennoch ein Fehler auffallen, bitten wir Sie, uns das Buch mit dem entsprechenden Hinweis zurückzusenden. Gerne tauschen wir Ihnen den GU-Ratgeber gegen einen anderen zum gleichen oder zu einem ähnlichen Thema um.

Liebe Leserin und lieber Leser,

wir freuen uns, dass Sie sich für ein GU-Buch entschieden haben. Mit Ihrem Kauf setzen Sie auf die Qualität, Kompetenz und Aktualität unserer Ratgeber. Dafür sagen wir Danke! Wir wollen als führender Ratgeberverlag noch besser werden. Daher ist uns Ihre Meinung wichtig. Bitte senden Sie uns Ihre Anregungen, Ihre Kritik oder Ihr Lob zu unseren Büchern. Haben Sie Fragen oder benötigen Sie weiteren Rat zum Thema? Wir freuen uns auf Ihre Nachricht!

GRÄFE UND UNZER VERLAG
Leserservice
Postfach 86 03 13
81630 München

Wir sind für Sie da!
Montag–Donnerstag: 8.00–18.00 Uhr
Freitag: 8.00–16.00 Uhr
Tel.: 0180 - 500 50 54*
Fax: 0180 - 501 20 54*
E-Mail: leserservice@graefe-und-unzer.de

*(0,14 €/Min. aus dem dt. Festnetz,
 Mobilfunkpreise maximal 0,42 €/Min.)

Neugierig auf GU?
Jetzt das GU Kundenmagazin und die GU Newsletter abonnieren.

Wollen Sie noch mehr Aktuelles von GU erfahren, dann abonnieren Sie unser kostenloses GU Magazin und/oder unseren kostenlosen GU-Online-Newsletter. Hier ganz einfach anmelden:
www.gu.de/anmeldung

GRÄFE
UND
UNZER

Ein Unternehmen der
GANSKE VERLAGSGRUPPE